KB212831

세속, 민주주의, 성스러움
– 현대 한국 정치와 가톨릭교회

지은이

조정수 趙正守, Jo Jung-soo
종교사회학 연구자. 역사, 종교, 정치가 만나는 지점들에 관심을 두고 연구를 진행하고 있다. 국제 학술지 *Journal of Korean Religions* 등에 논문을 발표했다. 영국 리즈대학교에서 '사회운동과 종교'를 주제로 박사학위를 받았고, 2025년 현재 국립부경대와 한국해양대에 출강 중이다.

세속, 민주주의, 성스러움 현대 한국 정치와 가톨릭교회

초판발행 2025년 3월 15일

지은이 조정수

펴낸이 박성모
펴낸곳 소명출판
출판등록 제1998-000017호
주소 서울시 서초구 사임당로14길 15 서광빌딩 2층
전화 02-585-7840
팩스 02-585-7848
이메일 somyungbooks@daum.net
홈페이지 www.somyong.co.kr

ISBN 979-11-5905-851-6 03330
정가 15,000원

ⓒ 조정수, 2025

문명과
시민
6

세속, 민주주의, 성스러움

─현대 한국 정치와 가톨릭교회

The Secular and the Sacred:
Contemporary Korean Politics and the Catholic Church

조정수 지음

일러두기

1. 주석의 경우 서지정보는 저자와 연도만 표기함. 그 외 사항은 참고문헌을 확인바람.

2. 이 책에 실린 내용과 저자의 주장을 추가로 검토하고자 하는 전문연구자는 아래 논저들의 주석과 참고문헌을 확인바람.

   - "Religion and Contentious Politics : Korean Catholicism and the Early 1980s Democracy Movement", *Journal of Korean Religions*, 15(2), 2024.

   - 「1976년 3·1민주구국선언의 특징과 의의 − 그리스도교계와의 관련성을 중심으로」, 『종교와 사회』 12(2), 2024.

   - "Sacred Space and Secular Politics : Myeongdong Cathedral and South Korean Politics, 1945~1969", *Asian Journal of Religion and Society* 7(1), 2019.

   - "The Place of Religion : Catholicism and Politics in South Korea, 1974~1987", PhD diss., The University of Leeds, 2016.

현대 한국 연구와 종교사회학

제1공화국 이승만 정부 시기부터 오늘에 이르기까지, 대한민국 정치계가 종교^{제도종교와 민간신앙을 아우르는 뜻에서}와 무관했던 적은 없었다. 이 책은 1970년대에서 1980년대의 기간에 한국의 정치변동과 사회운동, 그 과정에서 한국 천주교회의 개입과 관여를 탐구하는 것을 그 목적으로 한다. 종교가 사회와 정치의 주변부로 밀려날 것이라는, 20세기 후반 서구 학계 일부가 주장한 이른바 세속화 이론^{secularisation theory}과는 다르게, 공공적, 사회적, 정치적 행위자로서 종교와 종교단체의 역할과 영향은 21세기인 오늘날에도 세계에서 지속되고 있다.

저자는 이 책에서 정치변동, 민주주의, 사회운동이라는 주제에서 종교의 역할이 보여주는 한국적 양상을 살펴보고자 한다. 논의의 지향점들은 다음과 같다. 첫째, 20세기 후반 현대 한국의 정치사회적 변동에 있어 종교 요인을 분석한다. 1945년 해방 이후 초대 대한민국 정부의 수립부터 최근의 코로나 사태에 이르기까지, (넓은 의미에서) 종교 요인은 현대 한국의 정치, 사회 및 문화 변동의 주요한 기제^{mechanism}와 변수로 작동해왔으며, 이러한 현상에 대한 탐구를 통해 현대 한국 사회의 심층을 이해하기 위해서는, 종교사회학적 논의가 필수적이다. 이러한 문제의식 아래 저자는 이 책을 통해 사회운동과 민주화라는 주제에서, 현대 한국 사회 이해의 인식적, 분석적 지평을 종교사회학적으로 확장하는데 기여하고자 한다.

둘째, 종교사회학 분과 내에서는 특히 종교공간^{religious space}에 주목하여 새로운 방법론적 틀을 시험해보고자 한다. 그간의 종교 연구는 교리, 신학, 이데올로기, 역사 등 주로 무형적 요소에 치중하여 전개되어 왔다. 그러나 종교학자 조너선 스미스^{Jonathan Z. Smith} 등과 같은 일군의 연구자들은 종교 연구에 있어 공간적 접근의 필요성과 효용을 설득력 있게 주장해 왔는 바, 저자는 이들의 주장을 비판적으로 검토하여 종교와 사회 연구의 방법론적 전환에 동참하고, 그 종교공간 분석틀을 한국의 역사사회적 맥락에서 활용해보고자 한다.

셋째, 한국학의 차원에서 이 책은 민주화운동사 이해에 진일보한 시각을 제공하고자 한다. 그간의 한국 민주화운동사 서술은 학생과 노동자 등 행위자 중심으로 논의가 전개되어왔으나, 사회운동 전체의 맥락과 진화^{evolution}의 시선으로 보면, 이러한 행위자 중심 논의는 한계를 지닐 수밖에 없다. 이에 저자는 사회운동 행위자들을 연결하는 지점으로 작용한 종교공간적 정치religious spatial politics를 주목함으로써, 한국 민주화운동을 입체적으로 설명해보고자 한다.

이 책은 성격상 연구서와 교양서의 중간쯤 위치하고 있다. 내용은 저자의 박사논문 중 일부와 그 이후 출간된 논저들이 녹여져 포함되어 있다. 단행본으로 출간하며 더 많은 독자들에게 가 닿기 위해 각주 등의 표기는 필수적인 것이 아니면 최소화했다.

민주화운동과 그리스도교

1995년 6월 6일, 한국에서 30년이 넘는 군부 독재 끝에 민주적으로 선출된 문민정부 김영삼 정권은 한국통신 노동조합 간부들을 체포하기 위해 서울 명동성당에 경찰 병력을 투입했다. 노조간부들은 성당에서 연좌 시위를 벌이고 있었다. 노조원들에 대한 김영삼 정부의 이 같은 조치는 여러 시민사회단체의 반발을 불러일으켰다. 성당에 경찰을 배치한 지 이틀 후, 한겨레신문은 사설에서 김영삼 정부가 "피난처로서 상징되는 우리 사회의 마지막 희망과 양심을 짓밟은 것"이라며 국가의 공권력 남용을 비판했다. 또한 사설은 과거 권위주의 군사정권에서도 성당을 침탈한 적이 없었기 때문에 명동성당에 경찰 진입은 "충격적"이라고 밝혔다. 김

수환 추기경은 1995년 6월 11일 미사 강론에서 다음과 같이 정부의 탄압을 비판했다:

> 문민정부에서 이런 일이 일어날 줄은 몰랐습니다. 정부 실세들도 한때 여기서 최루탄에 눈물을 흘려가면서 농성을 했습니다. 명동성당 유린은 정권 탄생의 모태母胎를 짓밟은 것이나 다름없습니다. 아울러 사회적 약자의 피난처가 사라진 데 대한 슬픔을 가눌 길이 없습니다.

김수환 추기경이 지적했듯이 명동성당은 1987년 6월항쟁의 중요한 거점 중 하나였고, 수많은 시위대가 성당 안팎에서 연좌 시위를 벌인 한국 민주화의 분수령이었다. 이 때문에 언론과 시민사회 단체는 명동성당에 공권력이 진입하는 것에 강력히 저항했다. 명동성당은 어떻게 '희생자들의 피난처', '한국 민주화의 성지'라는 지위를 얻게 되었는가? 이 책은 종교공간으로서 명동성당이 어떻게 이러한 위상을 획득하게 되었는지 역사적 과정을 살펴보고, 한국 민주화운동의 중요한 분기점들이 명동성당의 정치공간적 동학과 어떻게 맞물려 형성 및 진화하였는지 검토해본다.

1980년대 민주화운동에서 한국 천주교회의 역할을 이해하려면, 1970년대부터 거슬러 올라가 민주주의운동에서 개신교와 천주교의 참여에 대한 개관을 하는 것이 유용하다. 한국 민주화운동의 주요 행위자들은 학생과 노동자로 알려져 있다. 여러 사회운동 영역 중에서도 학생운동 부문은 1970년대와 1980년대 민주화 이행에 결정적인 역할을 했다. 몇 경우를 제외하고, 이 시기 한국 사회운동에 대한 기존 국내외 연구들은 민주화운동에서 그리스도교 교회의 역할을 간략하게 언급하거나 과소평가하는 경향이 있다. 전반적인 시위 전술과 전략면에서 1970년대에 비해 1980년대에 종교 행위자, 특히 그리스도교계의 참여 빈도와 중요성이 상대적으로 감소한 것은 맞다. 그러나 학생과 반독재운동 지식인, 노동자, 야당 정치인의 운동을 조직, 육성, 강화, 보호하는 비교적 자율적인 거점으로서 그리스도교 교회의 역할은 1970년대와 1980년대 한국 정치의 민주화 이행 과정에서 결정적이었다.[1]

권위주의 정권에 맞선 한국 그리스도교 교회에 대한 사회과학적 검토는 교회-국가 관계를 중심으로 노동과 시민사회, 천주교와 개신교 교회의 제도적 측면에 이르기까지 다양한 관점에서 교회의 민주화운동 참여를 연구해왔다. 사회학자 구해근은 그의 저서 『한국 노동계급의 형성』에서 1970년대 그리스도교 교회와 민주노동운동의 연관성을 살펴보았다. 개신교의 도시산업선교회와 천주교의 가톨릭노동청년회가 노동운동에 미친 영향은 심대했다. 구해근은 노동운동에 참여한 교회 지도자들이 소그룹 활동을 장

---

1   이 책에서는 천주교와 개신교를 아울러 통칭할 때 '그리스도교'로 표기한다.

려했다는 사실을 강조했다. 이러한 소그룹 활동은 노조 의식을 형성하는 데 필수적이었고, 1970년대 풀뿌리 노동조합 운동의 출현에 결정적인 역할을 했다.

국내외 연구자들은 한국 천주교회가 권위주의 정권에 효과적으로 대항할 수 있었던 외적, 내적 요인들에 대해서도 주목했다. 정치학자 에릭 핸슨Eric Hanson은 그의 저서 『중국과 한국에서의 가톨릭 정치Catholic Politics in China and Korea』에서 1970년대 한국 천주교회의 사회정치적 참여에 대하여 리더십, 의례 참여participation in ritual, 상호 비판mutual criticism이라는 세 가지 주요 특징을 제시했다. 첫째, 교회의 지도자들이 가톨릭의 저항을 주도했다. 한국 가톨릭을 하나로 묶은 것은 김수환 추기경의 사회참여와 지학순 주교의 체포라는 요인들이었다. 지 주교는 1972년부터 1973년까지 국제앰네스티 한국지부장을 맡는 등 원주시를 비롯한 전국에서 반부패와 민주화운동에 적극 동참하고 앞장섰다. 지 주교의 체포는 1970년대와 1980년대 한국 민주화운동에 중요한 역할을 한 천주교정의구현전국사제단의 설립에 결정적인 계기가 되었다. 둘째, 권위주의 정권에 대한 한국 천주교 신자들의 저항은 주로 미사와 기도회-시위prayer protests를 통해 표출되었다. 셋째, 국가권력과 가톨릭 시위 지도자들이 주고 받은 상호 비판이 관찰되었다. 손학규는 그의 연구서 『한국의 권위주의와 저항Authoritarianism and Opposition in South Korea』에서 그리스도교 교회의 반공주의적 성향이, 정권에 대한 비판을 공산주의자들로부터의 위협으로 둔갑시킬 준비가 항상 되어있던 권위주의 정부의 술책에서 벗어날 수 있는 일정한 면책을 누릴 수 있게 했다고 말한다.

권위주의 정권에 저항하는 사회운동 단체의 결성과 활동에 대한 탄압이 거셌던 시절, 한국의 반독재운동 그리스도교계 인사 및 단체는, 비록 소수였지만, 잘 짜여진 내부조직과 국제적 네트워크의 혜택으로 중요한 사회 기지social base의 역할을 한 것이 사실이다. 가톨릭교회를 포함한 진보적인 한국 그리스도교 교회는 군사 독재와 국가 권위주의에 저항하는 학생, 비판적 지식인, 도시 산업 노동자들과 영향력 있는 반독재운동 연대를 구축했다.

1970년대 박정희 정권 시절, 잘 구축된 조직과 초국가적 채널을 등에 업은 진보적 그리스도교 교회는 유신체제에 대한 저항을 가장 먼저, 그리고 주도적으로 시작한 집단이었다. 정치학자 박명림은 그리스도교 교회의 네트워크, 설교와 강론, 그리고 팸플릿이 유신 시기 민주화운동을 발전시키고 유지하기 위해 반독재운동 그룹들 사이에 필요한 '공유 지식'을 형성하는 데 중요한 역할을 했다고 말한다. 1980년대에도 한국 그리스도교 교회는 민주화운동 세력이 권위주의 전두환 정권을 무너뜨리는 데 중요한 담론적, 물리적 공간을예를 들어, 명동성당과 기독교회관 제공했다.

그렇다면 1970년대와 1980년대 한국의 민주화 시기에 활동했던 여러 그리스도교 교파와 종교단체들 중에서 특히 한국 천주교의 역할에 주목하는 것은 어떤 의미가 있는가? 일부 조사에서는, 양적인 기여도 측면에서 개신교가 민주화 시위 참여자 수에서 가톨릭을 넘어선 것으로 나타난다. 그러나 대중의 인식을 살펴보면 한국 천주교가 가장 큰 기여를 한 것으로 받아들이고 있었다. 1991년 조사에서 일반 국민의 91퍼센트가 가톨릭교회가 한국의 민주화에 결정적으로 기여했다고 응답했다. 동 설문에서 민주화를 위한 한국 개신교의 역할 인지도는 84퍼센트로 나타났다.[2]

또한 1989년 시사저널이 국내 대학교수 300명을 대상으로 한국 사회에서 가장 영향력 있는 인물을 묻는 설문조사에서 김수환 추기경은 당시 노태우 대통령에 이어 두 번째로 많은 응답을 기록한 바 있다. 2009년 2월 선종할 때까지 김수환 추기경의 영향력은 분명했다. 선종한 같은 달에 만 19세 이상 일반인 814명이 참여한 한국갤럽 조사에서 김수환 추기경을 '존경하느냐'는 질문에 응답자의 87.7퍼센트가 긍정적으로 답했다. 1970년대부터 1990년대 초반까지 한국 천주교가 수적 규모 면에서 가장 큰 종교단체가 아니었다는 점을 고려할 때, 민주화에 대한 천주교회의 기여와 천주교 지도부의 사회적 영향력에 대한 일반 대중의 높은 긍정적 인식

---

2 , Shin(1994).

은 추가적인 설명과 분석을 필요로 한다.

정치학자 새뮤얼 헌팅턴은 그의 책 『제3의 물결 — 20세기 후반의 민주화The Third Wave: Democratization in the Late Twentieth Century』에서 1970년대와 1980년대 라틴아메리카, 아시아, 유럽지역에서 과거 권위주의 국가들이 민주주의로 전환한 것을 '가톨릭 물결Catholic Wave'이라고 칭한 바 있다. 헌팅턴은 경제 발전 요인에 이어 1970년대와 1980년대의 민주주의 전환을 가져온 두 번째 영향으로 천주교를 꼽았다. 그러나 한국과 비슷한 시기인 1980년대에 민주정치로 전환한 동아시아 국가인 대만의 경우, 대만 가톨릭교회가 민주화에 미친 영향은 거의 없었다. "라틴아메리카 가톨릭의 해방신학은 대만 가톨릭공동체에서 호응자를 거의 찾지 못했다."[3] 그렇다면 헌팅턴의 '가톨릭 물결' 테제는 모든 동아시아 국가들의 민주화 이행에 들어맞지 않는다. 이 책은 한국 사회운동의 맥락을 바탕으로 1970년대와 1980년대 민주화운동에서 저항적 천주교계 인물과 단체가 중요한 역할을 했음을 보여주고, 가톨릭이 핵심 종교가 아니었던 한국에서 이를 가능하게 한 배경과 메커니즘으로서 명동성당을 중심으로 전개된 종교공간적 동학religious spatial dynamics을 살펴본다.

---

3   Kuo(2009).

세속, 민주주의, 성스러움

에릭 핸슨^{Eric Hanson}은 정치 문제에 기여할 수 있는 종교의 세 가지 잠재적 요소를 제시했다.[4] 첫 번째는 인류 공통의 경험으로써 종교적 실천의 본질과 관련된 것으로, 민족과 계급을 넘어선 신도들의 공동체에서 연결 관계를 형성할 수 있다는 것이다. 두 번째 특징은 종교가 개인과 공동체에 줄 수 있는 힘, 즉 "공동체의 이익과 인류의 진보를 위해 목숨까지도 희생할 수 있게 하는" 힘을 말한다. 여기서 핸슨은 노벨평화상 수상자인 넬슨 만델라와 대한민국의 김대중 전 대통령을 예로 들었다. 세 번째 측면은 종교가 급변하는 세계 환경 속에서 사람들에게 개인적이면서도 공공적으로 중요한 정체성을 제공한다는 점이다. 이러한 긍정적 효과와 함께 핸슨은 종교가 다른 경쟁 집단을 악마화하고 현대 세계의 갈등 상황에서 스스로를 보호하거나 다른 집단을 파괴하기 위해 폭력적인 방법을 사용하는 것을 정당화할 수 있다는 점에서 인류 사회에 해를 끼칠 수 있다고도 지적한다.

실제로 종교단체는 시민사회의 중요한 일부이고, 사회 및 정치 영역에서 자신의 역할을 수행할 수 있다. 아시아에서 종교의 주목할 만한 공적 역할 중 하나도 과거 권위주의 정권이었던 국가들

---

4   Hanson(2006).

의 민주적 전환과 관련된 것이다. 인도네시아의 이슬람 단체, 태국의 불교 운동, 필리핀 가톨릭교회, 한국의 그리스도교 교회, 대만 장로교회는 자국의 정치적 민주화에 중요한 영향을 미쳤다.[5]

아시아 종교기관들이 민주화를 위한 갈등정치 상황에 참여하는 이유는 지역적 맥락에 따라 다양하지만, 대체로 공공선과 사회정의를 위한 교리와 신학의 담론적 토대, 종교단체와 권위주의 정권 또는 야당과의 관계, 종교단체의 제도적 이익 등과 관련이 있다는 것이 연구자들의 주된 설명이다. 이러한 요인들은 종교단체의 지도자와 신도들이 권위주의에 저항하는 시위에 참여하도록 이끌 수 있다.

한국 천주교의 경우에도, 제2차 바티칸 공의회에서 파생된 가톨릭 사회교리의 신학적 변혁과 교회의 제도적 이익 침해에 대한 대응이 가톨릭계의 저항적 인사 및 단체들을 움직여 1970년대와 1980년대 민주주의운동에 참여하게 한 주요 동력이었다.

그러면 한국 사회에서 그리스도교의 사회적, 정치적 역할에 관한 기존 연구들을 좀 더 살펴보자. 역사적 관점에서 이 주제에 접근하는 탐구는 크게 세 가지 흐름으로 나눌 수 있다. 첫째, 한국 그리스도교의 괄목할만한 규모의 성장에 대한 연구, 둘째, 그리스도교와 민족주의, 그리스도교와 한국전쟁 등 특정 주제나 맥락 속에

---

5   Cheng and Brown(2006).

서 그리스도교의 위치를 살펴보는 것, 셋째, 한국 그리스도교의 역사에 대한 통사적 연구 등이다.

국외 한국학연구자 도널드 클라크Donald Clark는 그의 저서 『현대 한국의 그리스도교Christianity in Modern Korea』에서 한국 천주교와 개신교의 몇 가지 특징을 제시했다. 첫째, 한국의 그리스도교 교회는 과거 일제 식민통치에 저항했던 역사로 인해 다른 나라처럼 제국주의 권력의 일부로 간주되는 경우가 거의 없었다. 둘째, 현대 한국의 그리스도교는 대체로 사회적, 정치적으로 안정적이며, 신도들의 세속적이지 않은, 종교적 삶을 강조하는 보수적인 경향을 띠고 있다. 셋째, 한국의 천주교와 개신교는 모두 국제적인 연결망을 갖고 있는 기관이다. 또한 클라크는 한국의 교회가 샤머니즘과 신유학의 명백한 영향을 받았다고 지적했다.

18~19세기 한국에 천주교가 전래된 시기를 다룬 연구들은 천주교가 전통 유교 사회인 조선에 미친 사상적 영향에 주목했다. 한국사 연구자 조광은 천주교를 전근대 한국에서 근대로의 사회문화적 변화의 한 요인으로 보았다. 조광 교수는 한국 천주교가 초기부터 사회 변화를 위해 중요한 종교적, 문화적 자극제가 될 잠재력을 가지고 있었다고 주장한다. 천주교회는 조선에서 평등주의 사상을 전파하는 역할을 했다는 것이다.

조선 말기 이후 일제강점기 한국 그리스도교 교회의 사회 참여는 일반적으로 억압적인 외부 환경으로 인해 제한적이었다고 평가되지만, 그리스도교 교회 지도자들이 주도한 1919년 3·1운동과 같은 일제에 대한 교회의 저항에 주목하는 학자들도 있다. 티머시 리Timothy Lee는 한국 개신교가 3·1운동에 참여한 것이 이후 한국 땅에서 성장하는 데 주요한 요인이었다고 보았다.[6]

한국 그리스도교 교회의 신사참배는 일제 식민 통치 기간 동안 논란이 된 사안이었다. 사회학자 김성건은 일제의 신사참배 강요에 대해 한국 그리스도교 교회장로교, 감리교, 천주교가 어떻게 반응했는지 살펴보았는데, 신사참배에 대한 교회들의 태도 차이를 야기한 세 가지 중요한 요인으로 신학적 강조점, 선교 정책, 교회 구조를 꼽았다.[7] 강인철은 1950년대부터 1960년대까지 한국전쟁에 대한 천주교회의 대응과 한국 반공주의와 천주교의 관계를 분석했다.[8] 사회학자이자 가톨릭 사제인 오경환은 1945년 이후 한국 천주교회의 사회사를 복음화, 토착화, 평신도 참여, 종교적 헌신이라는 네 가지 발전 방향을 중심으로 탐구했다.[9]

1970년대와 1980년대의 민주화운동 시기를 역사적 접근 방식으로 고찰한 연구 중 한국사학자 윤선자는 5·18광주항쟁과 한국

---

6   Lee(2000).

7   Kim(1989).

8   강인철(2003).

9   Oh(2004).

천주교회의 관계를 다루었다.[10] 국외 한국학연구자 도널드 베이커Donald Baker는 18세기 후반 이후 사회적으로 침묵하던 종교단체에서 현대의 주요 운동 세력 중 하나로 변모한 한국 천주교회의 1970~1980년대 적극적인 사회참여에 주목했다.[11] 베이커는 한국 천주교가 변화하는 데 빼놓을 수 없는 요인으로 제2차 바티칸공의회의 영향 외에도, 1970년대와 1980년대 자국에서 교육받은 토착 한국인 사제들의 등장과 신자들의 도시화를 꼽았다. 또한 1945년 이후 고등교육 기관과 병원 설립 등 가톨릭 인프라가 발달한 것도 천주교 신앙의 관점에서 저항 의견을 표명할 수 있는 교양인을 배출하는 역할을 했다고 보았다.

권위주의 정권에 맞선 한국 그리스도교 교회의 민주화운동 참여를 분석한 사회과학적 연구들은 노동과 시민사회부터, 교회의 제도적 측면에 이르기까지 다양한 관점에서 교회의 사회 참여 양상을 다루었다.

한국학연구자 장윤식은 민주노동운동에 적극적으로 참여한 주요 단체인 가톨릭농민회를 가리켜, 이 단체의 주요 목표가 농민들이 "스스로를 자율적인 집단 세력으로", 또는 농촌 민주화의 자극제가 될 수 있도록 지원하는 것임을 말했다.[12]

---

10   윤선자(2002).

11   Baker(1998).

사회학자 정철희는 그의 박사논문에서 민주화운동 동원의 초기 원동력으로서 한국 그리스도교 교회의 역할을 조사했다. 그러나 정철희의 연구는 1970년대와 1980년대 한국 천주교회의 사회 참여를 구분하지 않으므로 해서, 미시적 관점에서 민주화운동에 대한 가톨릭교회의 영향력을 평가하는 데 한계를 드러낸다.[13]

기존의 사회과학적 연구들은 대개 교회-국가 관계를 분석의 기본틀로 삼는 경향이 있었다. 허나 이러한 단선적 접근은 다른 다양한 시민사회운동 주체들의 역할과 활동을 놓치게 되는 문제점이 있다. 실제 한국의 민주화 이행에서는 광범위한 시민사회단체의 역할과 대중 동원이 결정적 요인이었다. 또한 교회-국가간 갈등이라는 일면적인 분석틀은 저항적 한국 천주교 인사 및 단체의 민주화운동 참여를 효과적으로 만들었던 시민 대중의 기여, 기성 종교기관으로서 가톨릭교회의 상징적 힘 등 다른 요소들을 간과하게 된다. 따라서 한국 민주화 과정에서 천주교의 역할을 교회-국가 관계에만 초점을 맞추어 분석하는 것은 설명의 한계를 피할 수 없다. 우리는 교회-국가 관계라는 제한된 관점을 넘어 공간적, 인문지리적 관점들을 활용해 1970년대와 1980년대 한국 민주화운동에서 가톨릭교회의 역할을 보다 입체적으로 살펴보도록 하자.

---

12   Chang(1998).

13   Chung(1994).

한국 현대사 속의 명동성당

1945년 일제 식민통치에서 해방된 후 명동성당은 천주교회 전체의 중심인 서울교구의 성당이기에 한국 가톨릭의 중핵이 되었다. 해방 후 한국 천주교회의 심장부로서 명동성당의 중요성은, 예를 들자면 1940년대 후반 가톨릭의 두 주요 간행물인 『가톨릭청년』과 『경향잡지』가 성당을 통해 발행되었다는 점을 지적함으로써 설명된다.[14]

사회학자 노길명은 명동성당을 전후 한국 사회의 상황과 이승만 정권과의 관계 속에서 바라보며, 명동성당이 한국전쟁으로 인한 폐허와 혼란 속에서 성스러움을 상징하는 공간으로 자리 잡았다고 주장했다. 노길명에 따르면, 1950년대 명동성당이 이처럼 상징적인 의미를 갖게 된 데에는 두 가지 중요한 요인이 있었다. 하나는 명동성당을 통한 활발한 구호 활동이고, 다른 하나는 이승만 정부의 독재 통치에 대한 천주교회의 저항이었다. 한국 천주교 신자들의 사회적 계층 구조는 1950년대부터 변화하기 시작했다. 전후 사회에서 복지와 정의를 대변하는 명동성당으로 상징되는 천주교회의 좋은 이미지로 인해 1950년대에 많은 지식인, 중산층, 사회 저명인사들이 천주교로 개종했다. 이는 1950년대 한국 천주

14   강인철(2006).

교회의 사회 참여와 사목 활동의 한계, 즉 교회의 사회 참여에 대한 신학적 근거의 미흡, 교회-국가 관계의 경계 부재, 이승만에 저항하는 가톨릭 정치인 장면에 대한 지지 등의 한계에도 불구하고 일어난 변화였다.[15]

1960년대 명동성당은 생명운동, 가톨릭농민운동, 가톨릭학생운동 등 한국 천주교회의 사회사목 활동의 중심에 있었다. 이 시기 한국 천주교의 사회정치적 참여의 배경으로 조광 교수는 세 가지 측면을 제시했다. 첫째, 한국 천주교회는 일제 치하에서 사회 참여가 제한적이었기 때문에 역사적 책무에 대한 성찰이 있었다. 둘째, 한국 천주교회는 1950년대 이승만 정권 하에서 사회 활동과 사목 활동을 한 경험이 있었다. 셋째, 이러한 성찰과 역사적 경험과 아울러 제2차 바티칸 공의회는 1960년대 한국 천주교의 사회 참여에 대한 보다 체계적인 이론을 제시했다.[16]

한국 민주화운동에 대한 기존 연구는 1970년대와 1980년대 반독재운동에 관여한 특정 행위자에 집중하는 경향이 있었다. 주로 학생과 지식인, 노동자, 시민사회, 야당 정치권 등의 역할에 주목해왔다.

기존 논의들은 학생 주체들이 두드러진 운동 참여자가 된 배경

---

15   노길명(2005).
16   조광(2010).

에 대해 1940년대 이승만부터 1980년대 전두환에 이르는 한국 정치권력의 역사적 불법성, 20세기 러시아, 폴란드 등의 국가에서 '지식인'의 역할에서 볼 수 있듯이 학생과 지식인 집단의 운동성을 유발한 요인들을 실마리로 답을 찾으려는 시도를 했다. 또한 박정희와 전두환 정권하에서 야당의 정치적 영향력이 미미했다는 점, 대학생들의 상대적 조직 자율성과 민주주의, 통일, 입헌주의 등 시대적 요구를 올바르게 지향했다는 점 등에서 그 원인을 찾기도 했다.[17]

행위자 중심 관점은 한국 민주화운동에 기여한 특정 인물과 부문에 초점을 맞춘 심층적인 조사가 가능하다는 점에서 그 장점이 분명하다. 하지만 특정 행위자와 운동의 일부 요소만을 다루기 때문에 사건, 갈등, 기회, 위협 등의 흐름이 역동적인 사회운동의 차원에서 한국의 민주화를 다각적으로 설명하는 데는 한계가 있다. 저자는 기존 접근법의 장점을 인정하면서도 공간적 분석틀을 활용하여 행위자 중심의 분석을 보완해보고자 한다.

철학자 앙리 르페브르Henri Lefebvre는 공간에 대한 분석이 현대 세계의 사회적 관계를 탐구하는 데 중추적인 역할을 한다고 말한다. 르페브르에게 있어 사회적 관계는 공간에 기초해있다. 공간분석에 대한 르페브르의 이론을 필두로, 이러한 연구방법의 '공간적

---

17   김동춘 외(1997).

전환'은 인문학과 사회과학의 다양한 분야에서 진행되고 있다.[18] 이러한 인식론적, 방법론적 차원의 공간이론 활용은 한국학 분야에서도 나타나고 있는데, 정치학자 하상복은 그의 저서 『광화문과 정치권력』에서 광화문을 공간적 렌즈로 삼아 조선시대부터 현대에 이르기까지 한국의 정치 권력을 분석하기도 했다.

이 책은 역사와 함께 공간성의 렌즈를 통해 정치사회적 동학을 탐구하는 논의들에 기대어, 1970년대와 1980년대 한국 민주화운동을 일부 구성하는 역할을 했던 명동성당을 둘러싼 공간적 역동성의 서사를 살펴보고자 한다.

---

18   Arias et al.(2009).

차례

역사

해방 이후 정치계와 명동천주교회

1970년대와 1980년대에 걸쳐 세계의 몇몇 국가들에서 관찰된 민주주의운동은 가톨릭의 물결^{Catholic Wave}이라 불릴 만한 것이었으며, 한국의 민주화에 있어서도 가톨릭교회는 중요한 역할을 담당했다. 민주화운동을 탐구해 온 연구자들은 특별히 명동천주교회의 지리적, 상징적, 실재적 중요성을 강조하며 명동성당을 민주화의 성지로 평가해왔다.

명동성당의 이러한 종교공간적 중심성은 1940년대, 좀더 구체적으로는 해방정국 이후부터 형성되었다고 볼 수 있다. 저자는 해방 이후 시기부터 1960년대까지 한국 천주교와 정치계가 맺은 관계의 특성에 따라 명동성당을 설명하는 세 가지 포인트를 잡아서 명동성당의 종교공간적 특성을 언어로 구체화해보았다. 그 세 가지 특성은 정치화, 숭고한 위안, 그리고 관계적 역동성이다. 저자는 이 세 가지 특성을 연대순으로 분류했는데, 역사적 해석이 종종 그러하듯, 이것은 임의로 분류된 것으로도 볼 수 있고, 시기별로 이 세 가지 특질이 교차^{交叉}하고 접합^{接合}될 수도 있다. 그럼에도 저자는 시기별로 가장 두드러진다고 판단되는 특성을 해당 시기에 부여하여 그 시기 명동천주교회와 정치계와의 관계를 설명하고자 했고, 그것이 명동천주교회와 정치계의 관계사를 서술하는데 도움이 된다고 믿는다.

먼저, 1945년 해방부터 한국전쟁이 발발한 1950년까지의 명동성당은 정치성을 띤 종교공간으로 진화하였다. 이 시기의 극심한 이데올로기적 대립과 국내외적 권력다툼의 소용돌이 가운데, 명동 천주교회는 가톨릭과 종교계의 영역을 넘어 명실상부 중요한 정치적 공간으로 부상하게 된다. 두 번째로, 1950년과 1960년 사이의 시기 서울 중심에 자리한 명동성당은 파괴적 전쟁 이후 상실의 세대에게 실재적이고도 상징적인 힘을 북돋는 숭고한 위안의 공간이었다. 세 번째로, 1960년대 시기의 명동천주교회는 그 자체의 조직 구조를 정비하고 강화하였다. 또한 이 1960년대는, 한국 천주교회 전체적으로도 정치계와의 관계를 설정하는데 있어 조금 더 구체적인 경험적 지식을 쌓아가는 과정이었다. 특별히 1960년대는 1962년부터 1965년 사이에 개최된 제2차 바티칸 공의회가 지구적 가톨리시즘Catholicism의 지역 교회로서 한국 천주교회와 명동성당의 교회사적, 신학적, 그리고 사회정치적 응답을 요구한 시기이기도 했다. 그러므로, 국내외적으로 다양한 이해관계의 교차점에 위치한 한국 천주교회와 명동성당의 1945년부터 1960년대 시기의 역사를 검토하는 것은, 1970년대와 1980년대 한국 민주화운동에서 주목할만한 역할을 담당한 한국 천주교계와 명동성당의 사회정치적 개입과 종교공간적 역동성을 이해하는 데도 도움이 되는 작업일 수 있다.

1. 정치적 공간, 1945~1950

일제강점기 이후 한반도의 분단은, 지구적 차원에서 자본주의와 공산주의간 이데올로기 대립의 결과이자, 미국과 구소련 간 패권 경쟁의 파생물이었다. 일제 시기와는 다르게, 해방 이후 한반도 정세의 사회정치적 변화는 남한의 가톨릭교회를 국내의 유력한 종교 조직으로 부상하게 했으며, 여기에 미국의 지원이 있었음은 주지의 사실이다. 남한 가톨릭교회에 영향을 준 주요한 요인 중 하나는, 그 이전의 조선총독부와는 달랐던, 미군정청의 새로운 종교 정책이었다. 미군정청은 새로운 법령의 공표를 통해 종교의 자유를 보장한 것이다.

남한의 가톨릭교회는 해방 이후 시기에 자체의 조직적 변화를 겪기도 했다. 1941년까지는 단 한명의 한국인 신부만이 총 8개의 교구 중 하나를_{전주 지목구} 이끌고 있었다. 그러나 1946년에 이르러서는, 총 8개의 교구 중 4개의 교구를 한국인 신부가 사목하게 되었다.[1] 이처럼 현지의 토착 한국인 신부가 교회를 사목하게 되는 비중이 증가한 것이 해방 이후 시기 한국 천주교회의 조직적 변화에 있어 주목할 부분이다. 1945년 이후로 한국인 신부의 양성 체계도 발전하는 모습을 보였다. 1949년 기준으로 한국인 신부의 수는 144명이 되었고, 이는 1944년 말 기준 108명의 한국인 신부 수에 비하면 33퍼센트 증가한 것이다. 같은 기간 가톨릭 수녀의 사례를 보자면, 남한에서 외국인 수녀의 수가 13명에서 16명으로 23퍼센트 증가한 반면, 한국인 수녀의 비중은 246명에서 385명으로 56.5퍼센트가 증가했다.[2] 이처럼 한국 땅에 세워진 천주교회에, 현지에서 양성된 천주교 성직자들이 교회를 사목하게 되는 것은 교회의 토착적 성장 차원에서 의의가 깊다고 볼 수 있다.

잡지 『가톨릭청년』의 1947년 겨울호는 다음과 같이 쓰고 있다, "참으로 조선 가톨릭은 묵상과 반성의 시기는 이미 지났고 행동의 시기에 직면"했다. 일제 식민통치 시기 한국 천주교계의 지도층은, 정치와 계급의 문제를 교회적 논의에서 배제함으로써, 실제로 가톨릭의 사회 참여 범위를 제약하였다. 그러나 해방 이후 시기에는 가톨릭의 사회 참여 범위가 확장되어 정치적 논쟁의 장이나, 계급 문제까지도 포함하게 되었다.

1945년 9월, 약 40명의 가톨릭 평신도 지도자들이 한국민주당에 입당하였다. 정치계 인사들의 권유로, 노기남 주교가 교회 구성원들에게 입당을 권면하기도 했다. 노기남 주교가 당시 보수 정당과 기관들의 행사를 명동성당에서 개최하는 것을 허락한 점은 한국 천주교회의 정치 참여에 대한 노 주교의 열의를 보여주는 지점

---

1   남한의 천주교회만 국한한다면, 5개의 교구 중 3개의 교구를 한국인 신부가 맡았다.

2   강인철(2006).

이라 할 수 있다. 노기남 주교는 1945년 10월 16일 이승만이 한국으로 귀국 할 때에는 명동성당에서 환영 만찬을 열어주었다. 이후 이승만은 노기남 주교에게 남한 독립 정부 수립을 위한 한국 천주교회의 적극적인 지원을 요청하게 된다. 해방 정국의 한반도에서 중요하고도 영향력있는 두 인물이었던 이승만과 노 주교는 이후로도 빈번한 만남을 갖고 정치적인 사안을 논의하였다. 이승만은 노 주교 외에도 당시 서울교구의 주요한 인사였던 윤을수, 김철규 신부와도 긴밀한 관계를 유지하고 있었다.

1945년 해방 정국에서 한국 천주교회는 미군정청과도 밀접한 연관이 있었다. 당시 뉴욕 대주교였던 프란치스코 조지프 스펠만 Francis Joseph Spellman 이 미군들과 함께 1945년 9월 8일 서울에 도착했다. 미국 천주교회의 주요 인사로서, 스펠만 대주교는 한국에 주둔해있는 미군 장성들 사이에서도 영향력 있는 인물이었다. 한국을 방문할 일이 있을 때, 스펠만 대주교는 노기남 주교를 만나 노 주교가 한국에서 근무하는 미군 장성들과 좋은 관계를 유지할 수 있도록 도왔다.

1945년 9월, 미군정청장 존 리드 하지 John Reed Hodge 중장의 정치 고문 나이스터 Nister 준장이 노기남 주교에게 향후 지도자가 될 가능성이 있는 남한 정치인 60명을 추천해 줄 것을 요청했다. 노기남 주교는 이 추천 건에 대해 가톨릭계 정치인 장면과 상의한 뒤에, 이승만을 포함한 남한의 잠재적 지도자들을 추천하며 당시의 혼란스러운 상황을 속히 수습해 줄 것을 요청하였다.

1945년 이후 한국 천주교회의 고위급 지도자인 노기남 주교가 미군정청 지도부와 긴밀한 관계를 맺고 한국 정치계의 활동에 동참하는 것을 통해 사회적 영향력을 행사하고자 한 것은 이 시기부터 한국 천주교회의 상징으로서 명동성당의 위상을 공고히 하는 계기가 되었고, 이를 통해 명동천주교회의 종교공간적 중심성 또한 형성되었다고 볼 수 있다.

1945년 9월 26일, 노기남 주교는 미군을 초청하여 '세계 평화 회복을 감사하는 미사'를 봉헌하고, 환영행사를 개최하였다.[3] 이후로는 미군장병을 위한 정기 일요미사가 노 주교의 집전으로 명동성당에서 개최되었다. 이러한 계기들을 통해, 노기남 주교가 미군정 인사들과 좋은 관계를 유지할 수 있었을 것임을 어렵지 않게 알 수 있다. 초대 미군정청 장관인 아치볼드 아놀드Archibald Arnold도 1946년 9월 한국을 떠날 때까지 이 일요미사에 참석하였으며 노기남 주교와 만남을 갖고는 했다. 명동성당 내부에 거주하고 있었던 미국 메리놀 외방선교회 신부들도 한국 천주교회와 미군정청을 연결하는 역할을 수행하였다. 또한 내한 선교사였던 패트릭 번Patrick J. Byrne 주교의 주한 교황특사 임명 또한 한국 천주교와 미군

---

3   여진천(2009).

관계자들의 유대를 돈독히 하는데 영향을 주었다.

1940년대에는 한국 천주교회가 노동 문제에 참여한 기록도 확인된다. 당시 성신대학교^{현 가톨릭대학교} 총장이던 윤을수 신부가 국제자유무역협의회^{ICFTU, International Confederation of Free Trade Unions} 창립행사에 남한의 대표로 1949년 12월에 참석한 바가 있다. 또한 1948년 5월 남한 최초의 제헌의회 선거를 위해, 한국 천주교회는 신자들에게 출마를 적극적으로 권유하기도 했다^{당시 신도들 중에는 총리를 지낸 인사 장면도 포함된다}. 이에 노기남 주교와 교회 지도부는 교회조직과 언론매체 등을 이용해 선거 캠페인을 벌이기도 하였다. 한국 천주교회 고위급 지도부라 할 수 있는 윤을수, 김철규 신부 등이 제헌의회 선거에 출마를 시도하기도 하였다.

명동성당은 해방 이후 시기 재한 외국인 신부들에게도 중요한 장소였다. 다른 가톨릭선교회 중에서도, 매리놀회의 존재와 영향력이 주목할 만하다. 매리놀회의 두각은 이 기관이 제2차 세계대전 이후 초강대국으로 부상한 미국 가톨릭교회의 기관이라는 점도 있을 것이다. 같은 시기 파리외방선교회와 성골롬반선교회의 영향력은 매리놀회에 비하면 감소했다고 볼 수 있다. 앞서 언급했듯, 매리놀선교회의 패트릭 번 주교가 1947년 교황청 대사로 임명된 것^{1949년에는 교황청 대표로 승진}은 한국 천주교회에게 특별히 고무적이었다. 교황청 대사가 한국에 주재한다는 것은 남한을 독립된 주권 국가로 인정한다는 바티칸의 대우로 인식되었기 때문이다.

명동성당은 해방공간에서 언론과 출판의 중요한 장소이기도 했다. 이 시기 천주교계열 잡지인 『가톨릭 청년』과 『경향잡지』가 명동천주교회를 통해 간행되었다. 기본적으로 『가톨릭 청년』 잡지는 정치적 성향을 담고 있었으며, 그 자체로 천주교 신자들의 정치적 수준과 의식 향상에 도움이 되고자 했다. 『경향잡지』는 한국 천주교회의 공식적인 정기 간행물로 이해하면 되겠다. 1947년에는 명동성당의 평신도들이 자발적으로 나서 교회 관련 책들을 집중적으로 펴내기 위한 '종현가톨릭출판사'라는 회사를 설립하기도 했다. 종현가톨릭출판사는 설립년도에 교리문답서를 포함한 다양한 천주교계 자료를 간행했다.

해방 이후 시기는 명동성당을 중심으로 다양한 가톨릭 평신도 기관과 수도회apostolate가 만들어진 때이기도 하다. 이 단체들 중 주목할 만한 곳이 성모자비회인데, 이 기관은 50세 이상의 여성으로만 구성되었고, 일제강점기부터 활동을 한 단체였다. 1949년의 총회에서, 성모자비회는 자신들이 607명을 전도하여 천주교회로 이끌었다고 발표했다. 이 시기 명동성당청년연합회도 적극적인 활동을 했다. 1947년 7월에는 명동성당에서 전재교우회가 설립되었고, 가톨릭교육협회가 1948년에 만들어져 명동성당에서 설립기념식을 열었다. 서울가톨릭합창단은 당시 유일한 천주교계 문화 단체였다. 이 합창단은 1939년에 세워져 해방 이후에 활동이 좀 더 활발해졌다.

그렇다면 분단 후 두 개의 개별 국가가 들어서는 한반도의 정치 상황에 대해 한국 천주교회는 어떻게 대응했는가? 북한 천주교회와 공산당의 관계가 해방 직후부터 적대적이었던 것은 아니었다. 실제로 천주교와 공산주의자들은 서로 왕래하기도 하였는데, 가톨릭 신부들이 1945년 소련군 환영식에 참석하기도 하고, 그 이듬해에는 해주인민위원회 대표가 한국인 최초의 신부 김대건 순교 100주년 기념행사에 참석하기도 했다. 서울교구도 자신의 관할 아래 있었던 황해도지역의 북한 천주교회를 품어 안기 위해 노력을 기울였다. 서울의 노기남 주교가 교구 대리 신부를 황해도지역 사리원 천주교회에 배치했고, 명동성당에서 서품을 받은 신부를 38선을 건너게 하여 사리원 천주교회의 보좌 신부로 보내기도 하였다. 그러나 1948년 한반도에 두 개의 개별 국가가 성립한 이후, 천주교회와 북한 공산주의자들의 갈등은 첨예해졌다.

1945년에서 1948년에 이르는 시기가 혼란으로 점철되었던 만큼, 남한 천주교의 정치적 입장과 태도 또한 당시의 급변하는 정세에 따라 다른 양상을 보이기도 했다. 그러나 큰 그림에서 보면 남한 천주교회는 1948년 남한의 단독정부가 수립되는 데 힘을 모은 정치 세력들의 입장과 궤를 같이 했다고 볼 수 있다. 다시 말해,

해방공간의 남한 천주교회가 장기적 시야를 갖고 당시의 정치적 혼란과 변화상에 대해 교회만의 독립적이고 주도적인 입장을 표명했다고 보기는 어렵다. 이 시기 노기남 주교와 남한 천주교회는 이승만과 긴밀한 관계를 유지하고 있었다. 당시 주한미군인 나이스터 장군이[Brigadier General Nister] 노기남 주교에게 장차 한국의 잠재 정치 지도자들을 추천해달라고 했을 때, 노 주교는 이승만의 이름을 제일 위에 올렸다. 이처럼 한국 천주교는 남한만의 단독 국가 수립을 지지하는 입장이었고, 이승만의 반공주의 이데올로기를 전파하는데 힘을 보태게 되었다.

1947년 후반부터, 남한 천주교회는 한반도 이남에서의 단독정부 수립을 지원했다. 앞서 지적했듯 한국의 정치 지도자들과 천주교회의 리더십은 교황 비오 12세가 교황청 대사로 패트릭 번 신부를 1947년 10월에 서울로 파견한 것을, 바티칸 교황청이 남한의 단독정부를 외교적으로 승인한 것으로 인식했다. 이처럼 1948년 5월의 총선을 통해 남한만의 단독정부가 수립되는 데에 남측의 천주교회도 같은 입장을 표명한 것이다.

이와 같은 남한 천주교회의 정치적 태도는 곧 이승만의 정치적 방향성에 대한 지지를 뜻했다. 실제로 한국전쟁 중반까지, 이승만 정권과 남한 천주교회는 긴밀한 관계를 유지하였다.[4] 바티칸 교황청도 1948년 8월 15일 남한의 단독정부가 수립되었을 때 축전을 보내기도 했다. 한국 천주교회와 이승만의 상호의존성은 1948년 파리 유엔총회에 이승만이 가톨릭 정치인 장면을 한국 사절단의 대표로 임명한 것에서도 확인된다. 이승만 정부 입장에서는 유엔을 통해 남한의 단독정부 수립에 대한 국제적 승인을 받는 것이 중요했다. 1948년 파리 유엔총회에 참석하러 가는 길에, 장면은 미국을 방문해 스펠만 대주교를 만나고, 지지를 요청하는 이승만의 친서를 전달했다. 교황 비오 12세도 바티칸 교황청의 외교적 채널을 가동하여 한국 대표단을 돕고자 했다. 이처럼, 해방 이후 정치적 전환기에, 우리는 한국 천주교회가 남한의 이승만 정부를 지지하는 중요한 기관 중의 하나로 그 역할을 담당했음을 알 수 있다.

한반도에 두 개의 개별 정부가 들어서는 이 혼돈의 시공간에, 한국 천주교회는 어떻게 이러한 기능을 수행할 수 있었는가? 그것은 지구적 가톨릭교회가 보유한 국제적인 네트워크, 그리고 국내적으로는 미군정과의 긴밀한 협조 관계가 바탕이 되었을 거라고 짐작할 수 있다.

앞서 살펴보았듯, 1945년 이후의 서울의 시공간에서 확인되는 명동천주교회의 발전상들, 구체적으로 말하자면 종교기관으로서의 양적인 성장미국 가톨릭 선교단체와 바티칸을 통한 국제적 지원에 힘입은 바 있는, 잘 조직된 교회기관으로서 보유한 고급의 인적 자원, 출판업의 전개를 통

---

4   조광(1989).

한 사회적 여론 형성을 위한 공론장 진입 등이 해방 이후 남한에서 명동성당이 종교적이면서도 동시에 정치적인 공간으로서 중심성을 획득하는 배경이 되었다고 볼 수 있다.

2. 숭고한 위안의 공간, 1950~1960

이 절에서는 1950년 당대 역사에 비추어 한국 천주교의 대 사회적 활동과 명동성당의 상징적 위상에 대해 살펴본다. 이 시기 한국의 사회사를 논하자면 한국전쟁의 파괴적 영향에 대해 말하지 않고 지나가기는 불가능할 것이다. 따라서 명동천주교회가 한국전쟁의 사회적 영향력에 대해 어떻게 대처했는지를 검토하는 것은 이 시기 한국 천주교의 주요한 특징과 명동성당의 상징성을 밝혀 아는데 유용하다. 저자는 1950년대의 명동성당이 전쟁으로 바닥까지 피폐해진 남한의 수도 서울에 대해 하나의 숭고한 위안의 공간space of empowerment으로 자리하고 있었다고 본다. 전후 황폐해진 서울에서, 명동천주교회는 이 시기 가난과 상실로 인해 낙담해 있던 민중들에게 하나의 상징적 숭고의 공간으로서 물리적, 심리적 북돋아 줌reinvigorating의 기능을 수행했다.

특별히 1950년대 전후 사회 재건을 위한 구호물자 배분 활동이 명동성당의 종교공간적인 두각을 형성하는 데 기여했다는 설명은 설득력이 있다. 한국 천주교회는 전후 1950년대에 미국으로부터의 구호물자가 한국에 유통되는데 주요하게 사용된 채널이었다.[5] 기실 전후 사회기반이 파괴된 대한민국에 있어, 외부 세계의 원조는 국가 수입원의 중요한 부분을 차지했다. 통계에 따르면, 1953년부터 1960년까지 70퍼센트의 국가 수입이 외국의 원조로부터 온 것이었다. 이 외국의 원조에서 미국의 비중은 상당했는데, 미국의 대한對韓 원조 상당 부분은 또한 미국의 가톨릭교회로부터 나온 것이기도 했다. 예를 들어, 1950년 한국전쟁이 발발했을 때, 그 해 미국 구호 기관의 대한對韓 지원 활동 전체 비중 가운데 70퍼센트가 전미가톨릭복지협회National Catholic Welfare Conference로부터 나온 것이었다.

전쟁 구호 물품은 아무래도 그 수요가 많았던 서울지역에 주로 지급되었다. 서울의 명동성당은 미국 천주교회로부터 지원받은 구호품이 주로 배부되던 장소였다. 사회학자 노길명이 지적하듯, 이와 같은 1950년대 명동천주교회의 활발한 전후 구호 물품 지급 활동은 자연스럽게 당시 지역민들에게 명동성당에 대한 공간적 친화성을 생성했을 것으로 보인다.[6] 전후 한국 사회의 재건을 위

---

5   노길명(2005).

6   노길명(2005).

한 한국 가톨릭와 명동천주교회의 이와 같은 적극적 기여는 국민들에게 천주교회에 대한 관심을 불러 일으켰고, 천주교의 교세 성장에도 기여한 면이 있다. 실제로 전쟁 이후 1950년대에, 남한 천주교의 신자수 연평균 증가율은 16.5퍼센트에 도달했다. 명동천주교회의 경우, 신자수의 양적 증가면에서, 1959년에 집계된 신자 수가 6년 전인 1953년에 집계된 것 보다 87.8퍼센트 증가한 것으로 나타났다.

한국 가톨릭교회와 명동성당의 두드러진 전후 복구 활동 참여는 가톨릭교회 자체가 국제적으로 잘 조직된 종교기관이기에 가능했다고 볼 수 있다. 아울러 남한 가톨릭교회의 해방 이후 미국과의 긴밀한 관계는 전후 복구 시기 미국 가톨릭교회의 상당한 물자 지원에 바탕이 된 것으로 파악된다. 이러한 국제적 종교기관이라는 구조적 이점과, 미국과의 협력관계에 기반하여, 서울 명동의 지리적 중심성 또한 명동천주교회의 공간적 친밀성을 배가한 요인으로 생각해볼 수 있다.

이처럼 1950년대는 천주교회의 활발한 전후 구호 활동을 배경으로 하여 종교공간으로서의 명동천주교회의 대사회적 울림이 당시의 실의에 빠진 상실의 사람들에게 심리적 위안을 제공한 시기로 보인다. 종교사회학 연구가 살펴본 1945년 해방 이후 한국인들의 종교의식은 그들이 급변 시기의 사회적 불안과 혼돈에 맞서 종교에서 대안을 찾으려 애썼음을 보여준다.[7] 이것은 해방 이후 한국전쟁 시기에 걸쳐 대중들의 삶의 기반이 파괴된 것이 종교에서 발견되는 '너머'의 세계를 갈구하도록 이끌었고, 이를 통해 분단과 전쟁 이후 세대의 종교성을 증가시켰다는 해석도 가능하게 한다. 1950년대에 걸쳐 전쟁 구호 활동에 활발하게 참여한 것에 기반하여 획득된 종교공간적 중심성이, 당시 시민들에게 명동성당을 피난처와 구원의 공간으로 인식되게 하는데 기여하였고, 이러한 명동천주교회의 성스러운 공간적 울림은 당시 실의에 빠졌을 명동과 서울 거주민들에게 심리적 위안을 제공했을 것으로 짐작할 수 있다.

3. 관계 동학적 공간, 1960~1969

국내외적으로 한국 천주교에 있어 1960년대는, 유신 시기 민주화운동 이전의 또 다른 역동성을 보여주는 시기다. 1962년 3월 10일 한국 천주교회의 교계제도가 설정되었다. 같은 해 6월 29일 명동성당에서 한국 천주교회 설립 기념 미사가 거행되었고, 이를 통해 한국 천주교회는 서울, 대구, 광주 등 3개의 대교구를 포함

---

7   이원규(1993).

해 총 11개의 정식 교구를 갖추게 되었다. 명동성당은 서울대교구의 공식 주교좌 성당이 되었다. 이러한 1962년의 교계제도 설정 이후, 한국 천주교와 명동성당은 교회적, 신학적, 사회적으로 더욱 활기를 띠게 되었다고 볼 수 있다.

저자는 1960년대와 1970년대 초의 명동성당을 관계 동학적 공간relational space으로 특징짓는데, 이는 당시 국내 사회적, 정치적 흐름이 국제적 변화와 맞물려 형성되었다는 점에서 그러하다. 국제적 차원에서는 1962년부터 1965년까지 제2차 바티칸 공의회가 개최되었는데, 한국 천주교회와 명동성당은 가톨릭 역사에서 중요한 변혁을 가져온 이 사건의 영향을 받을 수밖에 없었다. 국내적으로 한국 천주교와 명동성당은 이 기간 동안 국가권력과 양가적인 관계를 유지하며, 한편으로는 협력했으나, 또 다른 한편으로는 대립하기도 했다.

제2차 바티칸 공의회가 한국 천주교회에 미친 주요 영향은 전례의 변화, 평신도 역할의 활성화, 에큐메니컬 운동 등이었다. 1960년대 명동성당도 제2차 바티칸 공의회의 영향을 받았는데, 무엇보다도 이 시기 명동성당에 다양한 평신도 단체가 설립되면서 성당 조직을 강화하는 데 기여했다는 점은 주목할 만하다. 실제로 수적 성장면에서, 1960년대 명동성당의 신자 수가 약 5,000명에서 9,000명으로 증가했다. 이 기간 동안 명동성당에서는 가톨릭 학생운동과 청년운동도 조직되었다. 김수환 주교는 1968년에 천주교 서울대교구 교구장으로 서임되었다. 이듬해인 1969년 김수환 대주교는 한국 최초의 추기경으로 임명되었다. 1960년대 명동성당과 한국 천주교회는 노동과 인권 문제에도 관심을 기울였다. 1970~1980년대 민주화운동에서 한국 천주교회의 정치사회적 참여에 중추적인 역할을 했던 천주교정의구현전국사제단의 창립 멤버와 핵심 사제들도 대부분 제2차 바티칸 공의회 이후에 서품을 받았다.

명동성당과 한국 천주교는 국내 정치의 소용돌이와도 밀접한 관계를 맺고 있었다. 1950년대 이승만 정권의 대부분 기간 동안 한국 천주교회는 이승만 정권의 부도덕하고 권위주의적 성격에 대해 저항의 목소리를 높이는 데 주력했다. 따라서 1960년 4·19혁명으로 인한 이승만 정권의 몰락은 이후 한국 천주교회의 정치사회적 참여가 지속되고 활성화되는 긍정적 모멘텀으로 작용했다. 당시 천주교 서울대교구와 명동성당 측도 4·19혁명을 지지했다. 1960년 4월 23일 명동성당에서, 시위 도중 사망한 학생 희생자를 위한 노기남 주교 주례의 장례미사가 열렸다. 사학자 조광 교수가 지적했듯, 권위주의 정권을 전복하려던 민주시위의 희생자를 위해 서울교구 주교가 장례미사를 집전했다는 사실^{이때는 이승만 대통령 하야 이전이었다}은 한국 천주교회와 명동성당이 1960년 4·19혁명의

편에 서있었다는 것으로도 해석할 수 있다.[8]

장면 정권이 수립된 후 한국 천주교회는 사회와 정치 분야에 더 많이 참여하려고 시도했다. 이 기간 동안 한국 천주교는 한국과 바티칸 간의 외교 관계를 증진하기 위해 노력했으며, 신자들에게 사회 문제에 참여할 것을 촉구했다. 그러나 가톨릭 정치인 장면 정권 하의 이러한 정치사회적 적극성에도 불구하고, 한국 천주교회는 박정희의 1961년 5·16군사쿠데타에 대해 뚜렷한 저항 입장을 보이지 않았다. 전체적으로 볼 때, 1960년대 한국 천주교는 박정희 군사정권을 직간접적으로 지지하는 입장이었다고 할 수 있다.[9]

1960년대 후반 한국 천주교회는 공공의 이익을 위해 주목할 만한 사회적 목소리를 냈다. 그 중에서도 1968년 강화도 심도방직사건은 한국 가톨릭노동청년회[가노청] 회원들이 노사분규에 개입한 사건이다. 이 쟁의에 참여한 가노청 회원들은 '빨갱이'로 매도당했으나, 인천교구와 한국천주교주교회의는 이들 가노청 회원들을 지지하며 공정 노동 운동의 정당성을 주장했다. 이러한 한국 천주교회의 노력으로 심도방직은 노동조합 조직을 허용하는 단계에 이르렀다.

1960년대 명동성당은 신도 수의 증가와 평신도 단체의 활성화

---

8 조광(2010).

9 강인철(2013).

를 통해 조직을 강화하게 되었다. 이 시기 명동성당과 한국 천주교는 정치권력과의 관계에서 긴장, 친밀감, 지원 등 다양한 양상을 보였다. 1960년대 정치권과 관계를 유지한 경험은 한국 천주교와 명동성당이 1970년대와 1980년대 사회운동에 활발히 참여하는 데 경험적 바탕이 되었을 것으로 보인다. 명동천주교회는 제2차 바티칸 공의회의 영향으로 큰 변화를 겪고 있던 세계 가톨릭교회의 일원으로서의 역할도 수행했다. 1960년대에 다른 그리스도교 교파들과 종교 간 대화를 주최하기도 한 것이다. 이처럼 1960년대 한국 천주교와 명동성당의 구성원들은 당시의 교회적, 정치적, 지역적, 세계적 관계 맺음의 동학dynamics 속에서 스스로를 자리매김하기 위해 노력했고, 부분적으로 성공했다고 평가할 수 있다.

4. 결론

1960년대 한국 천주교회는 국제적 차원에서 제2차 바티칸 공의회의 영향을 받았는데, 그것의 핵심은 사회교리Catholic Social Teaching 와 교회 평신도 역할의 변혁이었다. 공의회의 이러한 신학적 쇄신에 힘입어, 국내에서도 천주교정의구현전국사제단과 같은 대표적인 종교적 사회운동 단체가 탄생했고, 이후 1970~1980년대 박정희, 전두환 정권의 독재 통치에 대항하는 민주주의 및 인권 운동을 전개하는데 마중물이 되었다. 국내적으로는 1962년 한국 천주교회의 교계제도 설정과 1969년 김수환 대주교의 한국 천주교 최초 추기경 서임 등을 통해, 이 시기 한국 천주교와 명동성당은 더욱 권위 있는 조직 체계를 갖추게 되었다. 이처럼, 1940년대 중반부터 1960년대까지 한국 천주교회와 명동성당은 해방, 외세의 지배, 전쟁, 군사 쿠데타, 이후 권위주의 통치라는 격동의 사회정치적 상황에 대처하고 대응하는 과정을 통해, 향후 교회와 정치권력과의 관계를 만들어가는 데 대한 경험적 지식을 축적한 것으로 보인다.

제2장

충돌

1970년대 박정희 정부와 가톨릭교회

이 장은 1970년대, 특히 유신시대[1972~1979]의 사회적, 정치적 맥락에서 명동성당이 어떻게 첨예한 종교정치적 공간이자, 민주화의 성지로 부상하게 되었는지를 살펴본다. 우리는 명동성당이 민주화의 성지로 평가받게 되는 요인 중 성당 안팎에서 열린 많은 기도집회와 여타 종교적 의례의 역할을 살펴본다. 공적 대의를 위한 기도집회는 본질적으로 집합적인 사회운동 행위[collective social actions]로 간주될 수 있다.

이 장의 핵심은 두 부분으로 구성된다. 첫 번째는 1974년 지학순 주교 구속사건을 통해 명동성당이라는 종교공간이 어떻게 담론들이 경합하는 성역으로 생산되었는지를 설명한다. 민청학련사건에 연루된 혐의로 지학순 주교가 체포된 사건은 1970년대 한국 천주교회의 사회 참여에 결정적인 계기가 되었다. 지 주교 사건은 박정희 정부에 대한 천주교계의 광범위한 반발을 가져왔는데, 그것은 가톨릭 주교가 위협을 받았다는 점에서 더욱 큰 파장을 불러일으킨 면이 있다. 지학순 주교의 체포는 천주교에 대한 국가의 공격, 즉 박정희 정권의 한국 천주교회라는 제도적 교회[institutional church]에 대한 침해로 받아들여졌다. 이처럼 유신정권에 대한 가톨릭의 저항은 1974년 지 주교 사건 이후 본격적으로 시작되었다. 이후 민주화 성지로서 명동성당의 입지는 지학순 주교 체포 이후 전국 각지에서 기도집회시위[prayer-protests]를 중심으로 한 가톨릭의 저항이 이어지면서 견고 해졌다고 볼 수 있다.

이 장의 두 번째 주요 부분은 1976년 민주구국선언이 국내외 민주화운동 진영에 박정희 정권의 권위주의 통치에 도전하기 위한 반독재 투쟁을 강화하고 연대를 구축하는 새로운 계기를 제공했다는 점에서 그 의의를 분석한다. 1974년의 지학순 주교 구속과 1976년의 3·1민주구국선언 이 두 사건들을 당시의 사회정치적 맥락에서 파악하기에 앞서, 이 장에서 활용하는 성스러운 종교공간에 대한 이론과 유신체제 시기 종교의 정치적 지형에 대해 짚고 넘어가도록 하자.

1. 성스러움, 종교공간, 사회운동

종교학자들은 성스러운 공간의 특성을 크게 두 가지 방향, 즉 내재적substantial 관점과 상황적situational 관점으로 고찰해 왔다. 종교사학자 미르치아 엘리아데의 책 『성과 속』은 성스러운 공간에 대한 내재적 분석의 좋은 예시다. 내재적 분석은 종교적 공간에 본질적으로 성스러운 특질이 존재한다고 본다. 종교 공간은 성스러운 세계와 세속을 연결하면서도, 또 구분하는 지점을 만들어낸다. 내재적 관점은 종교적 공간 자체에 신성함이 서려있다는 것에 초

점을 맞추며, 그 내재적 신성함으로 인해 세속 공간과 차별화된다고 본다. 종교학자 진 할그렌 킬데Jeanne Halgren Kilde가 지적했듯이, 세계의 원주민부터 고대 시기의 사람들, 또 현대의 그리스도교인에 이르기까지 인간공동체의 종교 활동은 특정 장소에 어떤 신령한 힘이나 신들이 "깃들어 있거나 존재하고 있다"는 믿음을 가지고 있었다. "예를 들어, 성찬식의 봉헌된 빵과 포도주 안에 주님의 실재내재적 임재를 믿는 로마 가톨릭 신자들은, 그와 마찬가지로 그들의 교회 내에 신성함의 임재를 믿는 경향이 있다."[1]

다른 연구자들은, 성스러운 공간에 대한 내재적 관점이, 성소가 '만들어지는' 데 들어간 다양한 인간의 행위와 노력을 담아내지 못한다고 말한다. 다시 말해, 이러한 상황적 관점은, 성스러운 공간의 생성에 있어 인간 행동의 역할에 대해 주목한다. 다양한 형태로 나타나고 개입하는 인간 신체의 움직임, 또 의식적 행동을 통해 종교적 공간을 성화시키는 인간의 행위 주체성agency을 강조하는 것이다.

종교학자 조너선 스미스Jonathan Z. Smith는 성스러운 공간을 인간이 생성해내는 것에 주목하며 다음과 같은 질문을 던졌다. "공간이 수용체가 아니라 오히려 인간 프로젝트의 창조물이라면 어떠할까? 장소가 수동적인 수용체가 아니라 인간 사고작용의 능동적인 산

---

1   Kilde(2008).

물이라면 어떠할까?"[2] 상황적 관점에 있어, 종교적으로 성스러운 공간의 생산은 인간의 기획으로 여겨진다. 스미스에게 있어 장소가 성화되는데 중요한 것은 공간과 인체와의 관계, 인간이 성소를 경험하는 과정 등이라고 할 수 있다. 인간이 성소에 들어가는 것이 아니라, 인간의 행위가 종교적 공간을 성소이게끔 한다는 것이다.

따라서 상황적 관점은 종교적 공간에 내재적 신성함이 있다고 주장하는 내재적 접근과 배치된다. 역사가 데이비드 치데스터와 에드워드 리넨탈도 성스러운 공간은 '경합하는' 공간이라고 주장한다. 종교적 공간은 그 안에서 성스러운 경계가 포함되거나 배제되는 등 끊임없이 역동적인 형성과 재형성 과정을 수반하는 경합적 공간이라는 것이다. 이들은 성스러운 공간이 본질적으로 경합적인 공간인 두 가지 이유를 제시한다. 첫째, 공간성은 필연적으로 갈등과 경쟁의 특성을 내포하고 있다. 공간 자체가 경합적이라는 말이다. "인간 생태계에는 희소한 자원을 둘러싼 (필연적인) 경쟁이 있고, 또는 계급 투쟁에서 지배와 저항의 관계"같이 부딪힘은 공간 관계의 동학에서 기본 요소인 것이다. 둘째, 성소의 형성이라는 것은 '해석'의 문제에 종속되기에 인식적 '갈등'이 발생하게 된다. 어떤 공간의 성스러움의 의의는 '성소의 생산'이라는 해석 작업에 참여하는 행위자들이 특정 공간의 성스러움의 고갱이

2   Smith(1987).

를 어떻게 전유, 배제, 전복, 혼성화 하는가에 달려 있다는 것이다.[3]

저자는 내재적 관점에 따른 분석이, 성스러운 공간의 다면적으로 인간과 유관한 차원들을 설명하는 데 제한적일 수 있다는 점에 주목하여, 역사적, 경합적, 상징적, 정치적 종교공간으로서 명동성당의 동학을 탐구하기 위해 상황적 관점을 주로 채택하되, 내재적 관점의 유용성 또한 놓치지 않고 참고하고자 한다.

이상의 방법론적 논의에 기초하여 저자는 다음과 같은 명제를 도출한다. 종교적 공간은 인간의 역사적이고 사회적인 산물이다. 단순한 지점地點과 물리적 건물은 인간의 노력 없이는 성스러운 종교공간으로 홀로 설 수 없다. 그 공간을 성스러운 종교적 공간으로 경험하고 지각하고 상상하기 위해서는 인간의 인지적 노력이 필요하다. 따라서 어떤 장소는 그 장소가 위치한 역사적, 사회적 맥락 속에서 인간이 그 장소에 성스러운 의미를 부여할 때 종교적 공간으로 생성된다. 시간이 지남에 따라 개인적 경험과 노력, 또는 공동체적 의식과 사회적 활동을 통해 종교적 공간은 주어진 역사적, 사회적 상황 속에서 인간의 행동에 의해 지속적으로 형성되고, 경험되고, 상상되고, 변형되고, 재구성되어 왔다. 저자는 이 책에서 (종교) 공간의 사회적 생산이라는 개념을 1970년대와 1980년대 한국 민주화운동에서 명동성당을 중심으로 전개된 종교공간

3   Chidester and Linenthal(1995).

정치를 분석하는데 유효한 분석 도구로 활용한다.

종교사회학에서 교회-국가 관계에 대한 기존 분석틀은 정치 사회적 변화에서 종교의 역동적 역할을 온전히 규명하는 데 한계를 노정해왔다. 저자가 채택한 종교공간이라는 분석틀은 한국 민주화운동에서 가톨릭의 저항이 활기를 띠고 상대적으로 주목받게 된 요인을 설명할 수 있다. 이어지는 내용에서는 명동성당을 1970년대와 1980년대 한국 사회운동에서 천주교의 역할을 탐구하는 렌즈로 삼아, 선형적인 교회-국가 관계의 분석틀보다 사회운동의 다양한 국면에서 명동성당의 종교공간성과 상호작용한 다양한 행위자, 조건, 요소들을 살펴보고자 한다.

2. 유신시대의 종교

제1장에서는 명동성당의 공간적 중심성이 역사적으로 한국의 격변하는 국내 정치와 냉전시대의 국제적 세력 경쟁이라는 조건에 의해 어떻게 형성되었는지를 살폈다. 한국전쟁 기간 동안 명동성당이 길을 잃고 쫓겨난 사람들의 피난처로 주목 받고 성스러운 장소가 된 것은 전례 없는 재난이라는 상황적 요인성당의 종소리와 같은 일부 내재적 요소도 포함하여이 주효했다는 해석이 가능해진다.

'충돌'이라는 제목을 붙인 현재 장은 유신시대 국가의 탄압이라는 외부적 요인에 대응하는 가톨릭의 저항을 통해 명동성당이 어떻게 경합적 성소^{또는 성역}로 부상했는지 살펴본다. 이러한 상황적, 공간적 분석틀은 1970년대 한국 천주교의 정치 참여 역사에서 명동성당이 어떻게 경합적 성격의 성스러운 공간으로 부상했는지 살펴보는 데 유용한 방법이 된다. 1970년대 민주주의 운동에서, 저항적 가톨릭 신자들의 두드러진 활동을 통해 명동성당이 민주화운동의 성역으로 생산, 경합, 재생산되는 역동적인 과정이 있었다. 특히 유신정권의 독재 통치에 저항해 국민적 존경을 받았던 김수환 추기경의 종교적, 도덕적 권위와 함께 명동성당은 사회정의 회복의 상징적 중심지이자 진압 경찰과 계엄군이 쉽게 침범할 수 없는 민주화의 경합적 성지로 인식되었다.

1970년대 박정희 정권하의 종교 지형 중 두 가지가 눈에 띈다. 첫째는, 정부에 대항하는 종교계 반독재운동의 출현^{주로 그리스도교}. 둘째는 불교, 개신교, 천주교 3대 종교의 두드러진 세력화이다.[4] 그러나 모든 그리스도교 단체가 박정희 정권에 저항한 것은 아니었다. 미국의 베트남 전쟁에 대한 한국군 파병 지지에서 보듯, 한국 개신교의 주류 보수 세력은 박정희 정부의 정책을 적극 옹호하는 입장이었다. 이들 개신교 단체가 박정희 정권과 긴밀한 관계를 유

---

4   강인철(2013).

지했던 한 가지 채널은 '대통령조찬기도회'였다.

이 특별한 기도회는 1968년 5월에 시작되어 1974년까지 이어졌다. 1976년부터는 '국가조찬기도회'로 명칭이 바뀌었다. 이 기도회는 한국대학생선교회 설립자인 개신교 목사 김준곤의 지도 아래 조직되었다. 이 조찬 기도 모임은 박정희 정부의 권위주의 통치를 지지하는 도구로 사용되었다. 서로의 필요를 충족시킨 이 대통령 조찬기도회는 보수적인 복음주의 한국 개신교회와 박정희 정권 모두에게 호혜적인 것이었다. 박정희 정부는 이 행사를 통해 민주화 운동에 대한 탄압을 공산주의와의 싸움으로 정당화하는 등 억압적 통치를 정당화하는 선전 채널로 활용할 수 있었다. 김준곤, 한경직 등 한국 복음주의 개신교계 지도부와의 긴밀한 유대는 대규모 선교 동원 집회를 통해 더욱 강화되었다. 박정희 정권의 후원 아래 개최된 1970년대 대규모 전도 집회는 이 시기 한국 개신교가 급격한 수적 성장을 이루는 데 부분적으로 기여했다고 볼 수 있다.

이어서 불교계를 살펴보자. 제1장에서 본 것처럼 1940년대와 1950년대에는 그리스도교계에 대한 대한민국 정부의 우호적인 조치가 분명히 존재했다. 그 결과 1950년대부터 1960년대까지 한국 사회와 정치 영역에서 불교의 두드러진 역할을 관찰하기 어렵게 되었다. 박정희 정권은 불교에 대한 이런 가시적인 차별을 줄이고, 진보적인 불교인들의 저항을 막기 위해 1970년대 이후 한국 불교에 대한 새로운 제도를 마련했다. 그 중 주목할 만한 것은 군종제도에 불교를 포함시킨 것과 '부처님오신날'을 공휴일로 지정한 것이다.

군대 내에서는 1971년부터 1974년까지 이른바 '전군신자화운 동'이라는 명칭으로 3대 종교를 위한 획기적인 사업이 전개되었 다.[5] 한국 육군의 경우 이 운동 기간 동안 6,276명의 군인 불교 신 자가 새로 입교했으며, 한국 천주교와 개신교 모두 이 운동을 통 해 수적으로 비약적인 성장 총 139,542명을 이뤄냈다.

이 시기 한국 천주교와 개신교의 수적 성장은 이들 그리스도교 교파가 박정희 정부에 대한 정치적 반감을 공식화하고 발전시키 는 데 든든한 물적 토대를 제공했다고 볼 수 있다. 실제로 1970년 대 민주화운동에서 두 그리스도교 교파의 협력은 한국 사회운동 사에서 두드러진 특징이라고 할 수 있다. 이처럼 한국 천주교와 개 신교의 에큐메니컬 연대는 1970년대 한국 그리스도교 단체의 정 치 참여에 중요한 맥락적이다.

3. 지학순 주교 사건

이 절은 세 부분으로 구성되어 있다. 첫째로, 1974년 지학순 주

---

5   장숙경(2013).

교의 체포가 한국 천주교회의 권위주의 유신정권에 대한 반대운동을 선명하게 전개하는 계기가 된 사건임을 살핀다. 그러므로 독자들은, 1970년대와 1980년대 한국 민주화운동의 맥락에서 가톨릭의 저항운동은 1974년에 시작되었다고 이해하는 것이 맞겠다. 둘째로, 한국 천주교회가 1970년대 반독재운동에 주로 '기도집회 시위'라는 전술을 통해 어떻게 참여했는지를 상세히 설명한다. 마지막으로 1970년대 명동성당이 반유신 민주화운동의 성스럽고 경합적인 공간적 중심지라는 인식을 전파했던 미디어의 역할을 살펴본다.

1974년 7월 6일, 원주교구 지학순 주교가 김포공항에서 강제 구금되었다. 지 주교는 대만에서의 주교 회의와 유럽 방문을 마치고 한국으로 돌아오는 길이었다. 다음날 지 주교는 남산에 있는 중앙정보부로 비밀리에 끌려가 30시간 동안 계속된 취조를 받은 사실이 밝혀졌다. 7월 8일 김수환 추기경은 지학순 주교를 만나기 위해 남산으로 갔는데, 이 자리에서 지 주교는 "나는 한국의 민주주의를 회복하기 위한 행동으로서 학생단체들을 도와 줄 목적으로 가톨릭 시인인 김지하에게 자금을 주었다. 그러나 공산단체와는 아무런 관계가 없고, 내가 학생들을 도와준 행동은 공산주의와는 추호도 관계가 없다"고 말했다.

7월 10일 저녁에는 '정의와 평화, 그리고 지학순 주교를 위한 미사와 기도회'가 전국 각지에서 열렸다. 같은 날 박정희 대통령은 김수환 추기경을 만나 대화를 나누고 싶어 했다. 7월 10일 밤, 박 대통령과의 면담이 끝난 후 김 추기경은 직접 중앙정보부를 찾아가 지학순 주교를 데리고 나왔다. 그러나 그 이후 지 주교는 명동의 한 수녀원에 구금되어 있었는데, 5일 지난 후 지학순 주교는 장기간의 구금으로 건강이 심각하게 악화되어 병원에 입원했다. 7월 15일 퇴원한 지 주교는 자신을 보기 위해 모인 외신기자들에게 박정희 독재정권을 비판하는 정치적 입장을 담은 성명서를 배포했다.

1974년 7월 16일부터 지학순 주교는 다시 병원에 입원했고, 두 명의 중앙정보부 요원에게 구금되었다. 같은 날 지 주교에게 정부 전복을 시도했다는 내용의 공소장이 전달됐다. 그리고 7월 23일, 지학순 주교는 기자회견을 열고 양심선언을 발표했다. 발표 장소에는 김수환 추기경이 참석해 지 주교를 지지했다. 현장에 모인 사람들은 명동성당으로 이동해 윤공희 대주교와 김수환 추기경의 집전으로 미사를 봉헌했는데, 미사에서는 지학순 주교의 양심선언문 요지가 발표되어 신도들에게 굳은 결의를 심어주었다. 지 주교는 선언문 발표 후 중앙정보부로 연행되었다.

지학순 주교 사건에 직면한 한국 천주교는 교회 구조를 활용해 저항을 주도했다. 지 주교의 석방과 민주화를 위한 미사와 기도회가 전국적으로 열렸고, 점차 국민들의 지지를 얻었다. 무엇보다 지학순 주교의 체포는 천주교정의구현전국사제단의 설립을 추동하는 계기가 되었다. 1970년대 한국 천주교와 사회운동의 관계에서 지학순 주교 사건으로 인한 중요한 변화는 천주교정의구현전국사제단통칭 정의구현사제단의 결성이다. 정의구현사제단의 등장은 1970년대 민주주의와 인권을 위한 사회운동에서 제2차 바티칸 공의회의 새로운 사회교리 신학을 교육받은 가톨릭 사제들이 사회정의 회복을 위해 억압적인 정치체제에 항거하는 역할을 보여준 사례였다.

지 주교 사건을 계기로 정의구현사제단이 설립되었고, 이 단체가 1970년대 지 주교의 석방과 한국 정치의 민주화를 위해 전국 각지에서 기도회와 시국대회를 개최한 것은 중요한 의미를 지닌다. 철학자 앙리 르페브르가 지적했듯이 사회적 공간의 생성은 인간 신체의 물리적 존재로부터 시작되는 것이다. 성스러운 공간이 생성됨에 있어, "모든 몸짓과 동작, 리듬과 연쇄작용을 통해 몸은 성스러운 공간의 의식적 생산에 필수적인 부분"일 수 있다.[6] 명동성당 안팎에서 수많은 사람들이 모인 가운데 열린 시국기도회는 성당 공간을 민주주의 회복을 위한 저항의 성역으로 인식하게 하는 효과적인 사회운동 의례가 되었다. 즉, 정의구현사제단을 비롯한 저항적 가톨릭 신자들이 주도한 기도집회시위의 분출은 명동성당을 유신시대 민주화운동의 공간적 중심지로 자리매김하게 한 것이다.

---

6   Chidester and Linenthal(1995).

1) 계기

지학순 주교 체포사건은 1970년대 한국 천주교회 사회 참여의 분수령이 되었다. 그러나 지 주교 사건 이후 천주교가 사회정의 활동을 적극적으로 펼친 것은 교회의 이해관계가 위협받았기 때문이라는 평가도 있다. 정의구현사제단은 1970년대 사회 참여에 대한 자체 보고서『한국 천주교회의 위상─1970년대 정의구현 활동에 대한 종합과 평가』에서 다음과 같이 기록하고 있다.

> 외형적으로뿐 아니라 실질적으로 우리 교회로 하여금 새로운 자신을 발견케 한 것은 1974년의 지학순 주교 사건이었다. 우리는 지학순 주교가 바로 주교이기에 사랑과 관심을 가지기 시작했다. 바로 그 사건에 평신자 김지하프란치스꼬 시인이 이미 4월에 검거·구속되었을 때에도 교회는 그것을 방관했다. 그 이전 1973년 8월 김대중토마스 전 신민당 대통령 후보의 일본 동경으로부터의 납치사건이 있었고, 그가 죽음을 뛰어넘어 죽음 속으로부터 살아 돌아왔을 때도 한 마디의 관심을 표명하는 발언이 없었다. 그런데 우리는 지학순 주교 사건에서는 바로 그가 주교이기에 처음부터 관심을 가졌다.

정의구현사제단은 지학순 주교 사건에 주목하게 된 계기를 다른 종교인이 아닌, 가톨릭교회의 주교가 정치적 위협을 받았기 때문이라고 말한다. 즉, 1970년대 한국 가톨릭 사제들이 반독재운동을 시작한 것은 자신들의 제도적 이해관계가 위협받기 시작하면서부터 였다는 것이다. 사회학자 제프리 해든Jeffrey Hadden은 『미국의 종교와 종교성Religion and Religiosity in America』이라는 책에서 종교 기관의 중요 화두 중 하나가 '생존'에 대한 관심이라고 지적한 바 있다. 종교단체는 제도적 이익즉, 기관 유지에 대한 '위협'에 직면하면 이를 극복하기 위해 조직적으로 노력한다는 것이다.

정의구현사제단 스스로도 1970년대 한국 천주교회의 정치사회적 참여와 인권운동은 교회의 제도적 이해와 '관련된' 사건이 있었을 때 비로소 시작되었다고 언급하고 있다:

> 비록 1970년대 한국교회의 정의구현과 인권수호를 위한 활동이 활발했다 하더라도 과연 그것이 지속적인 것이었느냐에 대하여 '그렇다'고 자신있게 말하기는 어렵다. (…중략…) 교회와 직접 관련이 있거나 정치권력이 교회에 직접적인 위해를 가하는 경우에 대하여만 교회가 반응하는 양상을 띠고 있다는 점을 부인할 수 없다. 즉, 교회의 정의구현과 인권수호 활동이 사건을 쫓아가는 것이었다는 점이다. '교회에 직접적인 관련이 있을 때만 떨쳐 일어나는' 반응을 보였던 것이다.

따라서 1970년대 한국 천주교회의 정의구현과 인권운동을 촉발시킨 핵심적인 요인중 하나는 1974년 지학순 주교의 체포와 관련된 제도적 이해관계의 문제였다고 볼 수 있다.

2) 사회운동의 형성

지학순 주교 사건 이후 명동성당에서의 기도회와 시국선언 등 천주교의 반독재운동이 전국으로 확산되었다. 1970년대 지 주교 사건 이후 정의구현사제단이 전개한 이러한 집단적 저항의 의례는 유신 독재 체제에 대한 반대시위의 선봉에 있었다. 가톨릭신자뿐만 아니라 비신자, 일반 대중까지 참여한 명동성당의 대규모 기도집회시위는 그 규모와 영향력 면에서 박정희 정권의 가혹한 긴급조치[1974~1979] 시기에 저항의 목소리가 존재했음을 보여주는 증거이자 1970년대 민주화운동의 한 특징이었다고 할 수 있다. 권위주의에 대한 가톨릭의 저항은 명동성당을 통해 시작되고 발전했으며, 그 파급 효과는 성당의 경계를 넘어 1970년대 반독재운동 일반에 영향을 미쳤다는 점에 주목할 필요가 있다. 정의구현사제단의 주도적인 역할과 독재정권인 박정희 정부에 대한 투쟁의 두드러지고 효과적인 전술로서 기도집회시위를 통해 명동성당은 반독재운동 인사들과 일반 대중들에게 민주화운동의 성지로 인식되었다.

지 주교가 체포된 지 이틀 만에 주교회의가 열렸다. 1974년 7월 25일 저녁, 명동성당에서는 '지 주교와 고통 중에 있는 정의로

운 사람들을 위한 미사'가 봉헌되었다. 이 미사에는 전국에서 150
여 명의 사제와 600여 명의 평신도가 참석했다. 여기에 주한 벨기
에 대사와 주한 프랑스 대사도 참석했다는 점은 이 미사가 외교적
인 관심도 끌었을 가능성을 시사한다. 김수환 추기경의 미사 강론
에는 한국 천주교회와 교회 밖의 세계간의 긴장이 감지된다:

> 우리가 오늘 이 미사를 봉헌하는 것은 어떤 이들이 생각하듯이 외
> 적 힘을 과시하기 위해서는 아닙니다. 우리가 사는 이 나라와 우리 자신
> 이 속해 있는 이 교회가 어려움에 처해 있기 때문입니다. (…중략…) 동
> 료성직자요 형제이며 공동체의 일원으로서 지 주교님의 처지에 대해서
> 무관심할 수는 없습니다. (…중략…) 지 주교님의 사건은 오늘날 우리
> 교회의 쇄신을 위해 큰 반성의 계기가 되었습니다.

1974년 8월 11일 저녁, 명동성당에서는 '조국과 정의와 민주
회복, 옥중의 지학순 주교와 고통받는 모든 이를 위한 기도회'가
열렸다. 이 자리에는 사제 200여 명과 신자 1,500여 명 등 2,000
여 명이 참석했다. 이날 미사에서는 "한국 땅에 인간의 기본권이
존중받고 국민 위주의 민주정치 풍토가 하루 빨리 조성되기를 염
원한다"는 지학순 주교의 옥중 메시지가 낭독되었다. 기도회의 두
번째 순서로 참가자들은 손에 촛불을 들고 성모병원 앞에 모여 찬

송가를 불렀다. 다음날인 8월 12일에는 명동성당에서 130여 명의 사제와 2,000여 명의 신도들이 참석한 가운데 지 주교를 위한 특별 미사와 철야기도회가 개최되었다.

에큐메니컬 차원의 반독재운동 연대도 있었다. 1974년 9월 2일, 명동성당에서 약 1,500명이 모인 가운데 정의 실현과 구속자 석방을 위한 가톨릭과 개신교 공동 기도회가 열렸다. 이 연합기도회는 천주교 내 평신도 조직과 개신교 단체가 함께 모였다는 점에서 주목할 만했다. 이 모임에서 발표된 결의문에는 '한국교회 사회정의구현위원회'를 발족시킨다는 내용이 담겨 있는데, 이것은 "천주교정의구현전국사제단의 정식 발족 이전에 신·구교회의 연합적인 조직체의 출현을 평신도 단체에서 시도하고 있음을 반영하는 것이다".[7]

한국 천주교회의 공식 행사가 정부에 대한 대규모 시위로 발전된 사건도 있었다. 1974년 10월 9일 서울 가톨릭대학교에서 전국 성년대회가 열렸다. 주교단과 각 교구의 사제, 평신도 등 3만여 명이 참석한 이 대회에서 강론을 맡은 전주교구 김재덕 주교는 민주헌정 회복과 모든 애국 인사 석방을 요구하는 내용의 교회입장을 밝혔다. "성년대회가 끝나자 주교와 사제 및 수도자 5,000여 명은 가두시위에 나섰다. 이 사건은 대규모 시위였다는 점에서 그리고 전체 가톨릭교회의 성년대회가 시위로 바뀌어졌다는 점에서 정부와 사회, 그리고 교회에 다같이 커다란 충격을 안겨주었다."[8]

　개신교와 달리 비교적 통일된 정보 전달과 소통 체계를 갖춘 천주교의 조직적 장점은 신도들을 동원하고 집합행동을 전개하기 용이하다는 점이다. 지학순 주교 사건 이후 정의구현사제단이 주최한 시국기도회는 명동성당을 비롯한 각 교구 성당에서 열렸다. 또한 전국에서 동시다발적으로 기도회가 열렸고, 여러 교구와 장소에서 시국선언과 사회정의 선언문이 발표되고 배포되는 등 기도집회시위가 진행되었다. 1974년 11월 11일과 11월 20일에는 12개 교구에서 전국 규모의 기도회가 열렸다. 가장 활발한 양상을 띤 교구는 원주, 전주, 인천, 안동이었다.

　지학순 주교의 투옥은 한국 천주교 신자들을 결속시켰는데, 천주교의 이러한 (적어도 표면적으로는) 단결은 나중에 지 주교 체포에 저항하는 전국 규모의 천주교 집회와 시위로 확산되었다. 명동성당은 1974년 지학순 주교 사건 이후 점차 군사 정권에 대항하는 1970년대 반독재운동의 '중심지'가 되었다. 1970년대 내내 명동성당은 단순히 종교 행사만을 위한 평범한 교회 건물이 아니었다. 사회적 불의와 정치적 억압에 맞선 항거의 의미를 지닌 투쟁의 성지로서의 위상을 확보하고 있었다.

7　천주교정의구현전국사제단(1985).

8　천주교정의구현전국사제단(1985).

1970년대 민주화운동의 맥락에서 정의구현사제단을 비롯한 천주교인들의 저항은 한국 가톨릭교회의 경계를 넘어 다른 사회운동 영역에까지 영향을 주었다. 예를 들어 자유언론실천선언, 『동아일보』광고탄압사태, 민주회복국민회의 결성운동 등에서 정의구현사제단은 중요한 역할을 했다.[9]

1970년대 한국 사회운동에서 정의구현사제단의 위상은 다양한 민주주의운동이 교차하는 지점에 위치해 있었다. 정의구현사제단의 역할로 대표되는 가톨릭 계열의 저항운동은 1960년대보다 유신체제기에 현저히 증가했고, 명동성당은 그러한 반독재 활동의 거점이었다. 1974년 지학순 주교의 양심선언과 1976년의 3·1민주구국선언은 1970년대 민주화운동에서 대표적인 공적 선언문들이었다. 성당에서 공표된 이러한 주요 민주화 선언들은 국민들의 진지한 관심을 이끌어냄으로써 명동성당이 반유신운동의 전략적 공간으로 자리잡는 데 기여했고, 성당 안팎에서 개최된 기도회는 사회운동의 맥락에서 효과적인 집회 및 시위의 역할을 하며 민주화 성지로서 명동성당의 장소성을 부각시켰다.

1983년 이후 전두환 정권의 부분적인 사회 규제 완화에 힘입어 1980년대에는 한국 민주화운동에 더욱 다양한 종류의 시민사회 단체가 합류했다. 마르크스와 레닌의 이념으로 무장한 1980년

---

9   함세웅(1988).

대의 세속적 반독재운동 인사들은 대부분의 그리스도교 운동가들이 생각했던 것처럼 반권위주의와 자유민주주의 쟁취를 목표로 하는 것 이상으로 급진적인 정치를 구상했다. 여기에 더해 1960년대와 1970년대 그리스도교인들과 학생들의 도움으로 노동자들은 보다 조직적인 시위를 전개할 수 있는 역량을 갖추게 되었고, 1980년대 후반에는 반독재운동 세력의 핵심 자원이 되었다.

이러한 민주화운동 구성원의 변화와 역동성즉, 새로운 시위 단체와 노동자의 등장으로 인해 그리스도교인의 민주화운동 참여도는 1970년대에 비해 영향력이 줄어든 것처럼 보였지만, 가톨릭계의 저항은 1980년대에도 계속되었고 1987년 6월항쟁에서 절정에 달했다. 1970년대와 1980년대의 민주화 행진에서 명동성당이 한국 민주주의 운동의 효율성을 추동하는 종교적 공간 기제로서 미친 영향은 확고했는데, 이제부터는 지학순 주교 체포 이후 유신시기에 명동성당이 민주화운동의 성지로서 그 경합적 공간성을 어떻게 공고히 했는지 살펴보자.

1980년 5·18광주항쟁 이후 민주화운동이 잠시 침체기를 맞은 1980년대 중반까지, 명동성당은 민주주의를 향한 국민들의 열망을 상징적으로나마 대변했다. 이렇게 1970년대와 1980년대를 거치며 축적된 정치사회적 공간성과 민주화를 향한 상징적 중심성을 배경으로 명동성당은 1987년 6월항쟁에서 강력한 종교적 공

간 기제religious spatial mechanism로 작동했다.[10]

3) 민주주의의 성지

지학순 주교 사건 이후 명동성당이 민주화운동의 성지이자 사회적 공간이라는 인식을 보여주는 주요한 매체로서 신문기사를 살펴보자. 1970년대와 1980년대 명동성당이 민주화 투쟁의 성지로 자리매김하는 과정에서 중요하고 효과적인 역할을 한 매개체 중 하나가 신문이었다. 베네딕트 앤더슨Benedict Anderson은 민족주의의 확산에 관한 그의 저서에서, 서로를 알지 못하는 사람들이 수많은 다른 장소에서 함께 신문을 읽는 행위로 인해 불특정다수가 보이지는 않으나 공통의 인식을 형성하는 과정을 검토한 바가 있다. 이처럼 매체를 통해 형성된 명동성당이라는 공간에 대한 '공유 지식common knowledge'은[11] 1970년대와 1980년대 권위주의 정권에 저항하는 공공 의례로서 기도회와 집합시위를 형성하고 이끌어가는데 기여했다.

1970년대 『동아일보』, 『경향신문』 등 주요 매체는 명동성당에서 열린 지학순 주교 체포 관련 대규모 기도회 관련 기사를 게재했다. 기사 제목은 「고통받는 사람 위한 기도, 천주교 명동성당」『동

---

10   서중석(2011).

11   최마이클(2014).

아일보』, 1974.9.12, 「신부 등 천여 명 기도, 일부 가두시위」『경향신문』, 1974.9.27

등이었다. 『동아일보』는 1975년 1월 10일 자 신문 1면에 명동성당에서 열린 정의구현사제단 주최 기도회 기사를 게재했다. 이 기사는 2,000여 명이 참석한 기도회 사진과 함께 큰 크기로 실렸는데, 내용은 지학순 주교의 석방과 박정희 정부의 퇴진을 요구하는 정의구현사제단의 활동을 보도했다. 여기서 주목할 점은 이 기사가 박정희 대통령의 억압적인 대통령 긴급조치가 시행 중이던 시기에 게재되었다는 사실이다.

독재 통치 시기에 반독재운동이 전개된 주요 장소를 공론화하는 것은 민주화운동의 성지로서 명동성당에 공간적 중심성을 부여하는 것이며, 이것은 시국에 대한 사회적 의식을 형성하고 도덕적 감수성을 제고하는 매체로서 신문의 중요한 역할 중 하나이기도 했다. 한편 1975년 2월 7일 자 『동아일보』 기사도 명동성당 기도회에서 정의구현사제단이 발표한 선언문에 대한 자세한 설명과 함께 지학순 주교의 양심선언에 대한 지지와 박정희 정부의 비민주적 조치에 대한 체계적인 비판을 담고 있었다.

1975년 2월 17일 지 주교가 석방되자 신문들은 이 소식을 전하며 서울구치소의 분위기와 세부 사항을 상세히 보도했다. 『조선일보』는 「만세와 기도, 철문은 닫히고」라는 제목의 기사에서 지 주교와 김수환 추기경이 구치소에서 나온 뒤 명동성당으로 함께 들어가는 대형 사진과 함께 지 주교 석방 장면을 생생하게 묘사했다. 당시 일간지들이 지 주교의 석방을 큰 제목과 비중 있는 내용으로 다룬 것을 보면 지학순 주교 체포에 대한 사회적 관심의 크기를 가늠할 수 있다. 이 보도들에서 명동성당은 주로 성스러움과 사회적 의의를 지닌 중심 공간으로 언급되었다.

이후 1975년 2월 19일 『경향신문』과 『조선일보』는 지학순 주교 집전으로 명동성당에서 3,000여 명이 참석한 가운데 인권 회복을 위한 대규모 기도회가 열렸다고 보도했다. 『동아일보』 역시 지 주교의 강론 내용을 소개하며 이 기도회에 대해 상세히 보도했다. 주목할 만한 것은 이 『동아일보』 기사를 접한 일반 국민들은 당시 정치인 김대중, 변호사(이후 정치인) 강신옥, 개신교계의 저명한 박형규 목사와 다른 가톨릭계 지도자들도 이 기도회에 참석했다는 사실을 알게 되었다는 점이다.

명동성당에서 열린 숭고한 대의를 위한 기도회에 이렇게 유명한 사회·종교계 인사들이 참석하는 것을 본 일반 대중은 자연스럽게 명동성당에 대해 성스럽고도 공적인 의미를 부여할 수 있게 된다. 명동성당 기도회에 관한 신문 기사에서 나타나는 한 가지 두드러진 효과는, 정의구현사제단과 반독재운동 가톨릭 신자들의 도덕적 우월성으로부터 나오는 담론적 권위의 발생이다.

이러한 도덕적 우월성은 인권과 민주주의의 회복이라는 기도회의 숭고한 대의와 정의구현사제단의 공개 성명서의 내용인 담론을 통해 구성될 수 있었다. 그리고 이러한 명동성당과 저명한 반독재운동 인사들의 담론적 권위는, 명동성당을 성스러운 종교공간이자 사회적 광장이기도 한 장소로 대중의 뇌리에 각인되는 데 중요하게 작용했다. 1970~1980년대 한국 민주화운동의 대표적 인사 중 한 명이자 김영삼 정부에서 교육문화수석비서관[1993~1998]을 지낸 김정남 선생은 명동성당에서 열린 시국기도회의 영향과 의미에 대해 다음과 같이 증언하고 있다:

서울, 전주, 대전, 원주 등 전국 12개 교구에서 동시에 인권회복기도회를 개최할 때도 많았다. 그것은 가히 말씀의 폭풍이었다. 이 엄숙한 의식을 독재권력도 감히 어쩔 수 없었다. 명동성당에서 기도회를 개최할 때면 보통 3천여 명이 참석하는데다가, 동시다발로 전국에서 개최되는 것에 유신권력당국도 기가 질렸을 것이다. (…중략…) 명동성당만이 그들을 감싸안고 돌봐주는 유일한 위안처였던 것이다. 이 무렵 언론자유실천운동으로 신문사에서 쫓겨나 거리를 방황하던 『동아일보』·『조선일보』의 해직기자들도 명동성당에 와서 그들의 억울함을 호소했다. 똥물 세례를 받고 후미진 쓰레기더미에 내던져진 여성노동자들도, 판잣집에서 쫓겨난 도시철거민들도, 이땅에서 뿌리뽑힌 모든 사람들이 그때 마지막으로 찾아갈 곳은 명동성당뿐이었고 그들을 보살펴야 했던

것은 이들 사제들이었다.[12]

    학생과 일부 지식인에 국한된 1960년대 반독재운동 세력의 박정희 정권에 대한 도전은 제한적이었고 영향력도 크지 않았다. 그러나 1970년대에는 노동계, 교회, 학생들이 박정희 정권에 대항하는 민주화운동의 주요 세력으로 등장했다. 1970년대는 특히 잘 조직된 네트워크와 가톨릭의 해방신학, 개신교의 민중신학이라는 사회참여적 신학을 기반으로 그리스도교 교회의 저항운동이 본격적으로 전개되던 시기였다. 이러한 1970년대 사회운동의 맥락에서 명동성당은, 앞서 김정남이 말한 것처럼 불의와 권위주의에 저항하는 집합적 종교의례와 정치적 저항을 아우른 중요한 장소이자, 당시 억압받던 노동자와 도시 빈민을 포용하고 동화하는 과정을 통해 사회적 공간으로 형성되고 인식되고 있었다.

    지학순 주교의 체포로 촉발된 1970년대 가톨릭의 저항은 1974년 천주교정의구현전국사제단의 설립을 통해 구체화되었다. 지주교 석방을 위한 기도집회시위들에 이어, 정의구현사제단과 진보적 가톨릭 인사들이 조직한 민주주의와 인권 운동은 박정희 권위주의 정권의 정당성에 도전하는 데 중요한 역할을 했다. 앞서 살폈듯, 명동성당이 신성한 종교 공간이자 민주화 투쟁의 경합적 정

---

12   김정남(2005).

치 공간으로 대중에게 인식되는 데에는 신문 매체의 기능도 중요했다. 1970년대 들어 명동천주교회는 유신체제에 맞선 민주화운동에 중요한 지렛대로 작용할 수 있는 사회적, 정치적 메커니즘으로 부상하기 시작했다. 다음 절에서는 명동성당이 1970년대 민주화운동의 성지로 자리매김하는 데 중요한 역할을 한 또 하나의 사건인 1976년 3·1민주구국선언에 대해 살펴보자.

4. 민주구국선언

박정희 정권이 유신헌법을 선포하며 일인독재체제를 강고히 하고자 했던 1972년에 민주화운동의 열기는 잠시 소강상태를 맞이하는 듯했다. 하지만 1973년부터 다시 반유신 민주화운동은 진행되었으며, 이러한 학생과 재야 민주화운동 세력의 저항에 대해 박정희 정권은 1974년부터 긴급조치라는 초유의 통치술을 구사하기 시작한다. 1975년 5월 긴급조치 9호를 발동하며 박정희 정권의 반유신 민주화운동에 대한 탄압은 절정에 이르렀다고 볼 수 있다.

긴급조치 9호의 상황하에서 많은 대학교수들이 반정부 활동으로 낙인 찍혀 해직되었으며, 정권의 민주화운동 탄압은 다수의 저항적 언론인, 정치인, 노동자, 그리고 학생들의 구속으로 이어졌다. 긴급조치 9호라는 엄혹한 시대적 현실에서, 민주화운동 세력은 새로운 돌파구를 필요로 하고 있었으며, 이러한 국내적 저항운동의 동학dynamics 가운데, 1919년의 3·1운동을 기념하는 취지의 1976년 3·1민주구국선언이 한국 천주교회의 중심지인 명동성당에서 저항적 지식인, 정치인, 그리고 종교계 인사들이 참가한 가운데 진행된 것이다.

유신체제에 대한 직접적 저항으로써, 긴급조치 9호 정국에서 민주구국선언의 파급력은 다른 민주화운동 세력에게도 영향을 미치는 중대한 것이었다. 민주구국선언에 참가했던 인사들은 이후에 반유신운동 세력 중에서 저명한 정치인, 지식인, 그리스도교계 지도자들로 자리매김하였다. 또한 1970년대 한국 민주화운동의 국내적 맥락을 고려할 때, 민주구국선언은 민주주의와 인권에 대한 이론적 정초를 통해 반독재 저항에 있어 담론적 진일보를 가져온 것으로도 평가할 수 있다.

이제까지의 1970년대 종교계의 민주화운동 참여에 대한 연구가 주로 국내적 동학에 주목해왔다면, 1970년대 한국 민주화를 위한 초국적 연대를 촉발하는 계기가 된 3·1민주구국선언에 대한 탐구는, 종교계 인사들 주도의 사회운동이 영향을 준 1970년대 민주화운동의 국내외적 맥락과 역동성을 함께 설명할 수 있게 된다.

1976년 3월 1일 명동성당에서 전개된 3·1민주구국선언의 공표는 1970년대 민주주의운동의 중요한 기점이다. 이 절은 그리스도교계와의 관련성을 중심으로, 주로 사회운동의 관점에서 3·1민주구국선언의 특징과 의의, 한계를 살펴본다. 저자는 민주구국선언사건의 주요 특징과 의의를 인적 구성, 집합행동과 담론투쟁, 시위전술, 국제적 연대라는 네 가지 측면에서 분석하고, 아울러 이 사회운동의 한계점도 논의한다.

민주구국선언 준비의 인적 구성 측면에서부터 그것은 그리스도교계 지식인, 성직자, 정치인들이 주도하여 전개한 사건이었다. 또한 민주구국선언은 긴급조치로 정치사회적 발언이 억압되는 유신체제 하에서, 안보와 경제발전이라는 박정희 정권의 독재 통치 명목에 대해 비판을 가하고, 대안적 안목으로 정치와 경제정책에 변화를 요구하는 것을 넘어 유신정권 자체의 퇴진을 요구한 중요한 담론투쟁적 집합행동이었다.

시위전술의 측면에서, 권위주의 정부의 강압적인 법적, 정치적 통제에 대항하여 평화적이고 비폭력적 방법의 시위전술로서 공개적인 선언문의 공표는, 박정희 정권의 정치적 정당성을 묻고 비판하는 효과적인 전술이 될 수 있었다. 반유신운동의 기폭제가 되어 1970년대 민주화운동의 저항성을 강화하는 데 기여한 3·1민주구국선언 공표사건은, 그 시작은 주로 그리스도교계 인사들로 주도되었지만, 전개 과정에서 종교계를 넘어, 국내외 언론과 정치계까지 영향을 미치며 박정희 유신정권을 압박했다. 이처럼 1976년 3월 1일에 전개된 민주구국선언사건의 파급력은 단지 국내 차원에 그치지 않았고, 유신체제가 끝날 때까지 한국 민주화의 필요성과 정당성에 대한 주목도를 국제적 수준으로 발전시키는 계기가 되었다. 그러면 사회운동으로서의 민주구국선언의 전개 과정, 그리고 그것의 특징과 의의를 구체적으로 검토해보자.[13]

1) 민주구국선언의 특징과 의의

1976년 3월 1일, 천주교와 개신교 신자 700여 명이 참석한 가운데 1919년 3·1운동 기념 미사가 명동성당에서 거행되었다. 김승훈 신부는 강론을 통해 1919년 3·1운동의 의의를 되새기고, 억압적인 유신헌법과 경제 문제 등 한국 사회의 문제점을 3·1운동 정신에 비추어 지적했다. 기념식 후에는 천주교와 개신교 연합 기도회를 가졌다. 기도의 시간에는 개신교 목사이자 전 서울여대 교수인 이우정이 '3·1민주구국선언'을 낭독했다. 선언문의 내용을 발췌하여 살펴보자:

오늘로 3·1절 쉰 일곱 돌을 맞으면서 저자는 1919년 3월 1일 전세계에 울려 퍼지던 이 민족의 함성, 자주독립을 부르짖던 그 아우성이 쟁쟁

---

13 이 절은 민주구국선언이라는 사안의 특성상 개신교계의 활동상도 포함하여 서술된다.

히 울려와서 이대로 앉아 있는 것은 구국 선열들의 피를 땅에 묻어버리는 죄가 되는 것 같아 우리의 뜻을 모아 민주구국선언을 국내외에 선포하고자 한다.

(…중략…)

이 민족은 또다시 독재정권의 쇠사슬에 매이게 되었다. 삼권분립은 허울만 남고 말았다. 국가안보라는 구실 아래 신앙과 양심의 자유는 날로 위축되어 가고, 언론의 자유와 학원의 자주성은 압살당하고 말았다.

현 정권은 이 나라를 여기까지 끌고 온 책임을 져야 할 것이다.

국내외의 민주세력을 키우고 규합하여 한걸음 한걸음 착실히 전진해야 할 이 마당에 이 나라는 1인 독재 아래 인권은 유린되고 자유는 박탈당하고 있다.

선언문 내용에서 확인할 수 있듯, 서슬 퍼런 유신체제 하이지만 민주주의와 인권의 제일 가치를 천명하는 점이 주목된다. 그러나, 3월 1일 명동성당에서 열린 기도회는 특별히 큰 규모의 행사는 아니었다. 1974년 이후 한국 그리스도교 교회에서 열렸던 이전의 기도회와 크게 다르지 않았다. 오히려 이 날의 기도회는 비교적 '차분하고 조용한' 종교 행사였다. 이 기도회가 중요한 의미를 갖게 된 이유는 3·1민주구국선언이 발표되었기 때문이다. 사실 민주구국선언을 중요하게 부각시킨 것은 이 행사의 주최자나 참가자들이 아니라 정부 당국이었다.

민주구국선언문의 낭독은 국내외 언론의 광범위한 관심을 불러일으켰고, 그리스도교계 네트워크를 포함하여 국외 언론과 기관의 상당한 지지를 받았다. 그러면 인적 구성, 집합행동과 담론투쟁, 시위전술, 그리고 국제적 연대로의 확장이라는 측면에 집중하여 민주구국선언의 특징과 의의를 살펴보자.

(1) 인적 구성

먼저, 인적 구성면에서 민주구국선언은 그리스도교 사제, 목회자, 그리고 신자들^{지식인, 정치인}이 주축이 되어 전개된 사건이다. 박정희 정권의 긴급조치 9호 아래 있던 1976년, 당시 문익환 목사는 3·1절을 앞두고 엄혹한 민주주의 탄압의 시기를 그냥 지나갈 수 없다는 생각에 3·1민주구국선언서 초안을 만들어 동참자들을 구하고 있었다. 당시 김대중 전 대통령도 독자적으로 3·1절에 선포할 선언문을 따로 작성하고 있었으나, 내용이 평이하다는 주위의 평가에 마침 문익환 목사의 선언문 초안을 접하고 민주구국선언에 동의하며 참가하게 된다.

민주구국선언서에 최종 서명한 이들은 총 10명이며, 이들은 이우정^{전 교회여성연합회 회장 및 서울여대교수}, 문동환^{목사, 전 한신대교수}, 서남동^{목사, 전 한신대 교수}, 이문영^{전 고려대 교수}, 안병무^{전 한신대 교수}, 윤반웅^{목사}, 김대중^{전 대통령}, 정일형^{목사, 전 외무부장관}, 윤보선^{전 대통령}, 그리고 함석헌^{전 씨알의소리 발행인}이다.

수차례 옥고를 치르고 민주화운동에 헌신했으며, 민주화운동 기념사업회 초대 이사장^{2002~2005}을 지낸 개신교계 박형규 목사는 자신의 회고록『나의 믿음은 길 위에 있다』에서 민주구국선언의 중요성을 언급하며 관련하여 선언문 발표 당일 아침 문익환 목사와의 만남과, 자신이 선언 참여자에 포함되지는 않았으나 선언문 내용과 공표를 해외에 알리고자 노력한 사실을 기록하고 있다:

> 문 목사는 감옥에서 나온 지 보름밖에 되지 않은 사람을 또다시 고생시킬 수는 없다고 선언 참여자 명단에 내 이름을 넣었다가 뺐노라고 그동안의 경위를 설명해주었다. 잡혀들어갈 것이 분명하므로 나를 보호해주려는 배려였다.
>
> 나는 문 목사가 건네준 '3·1민주구국선언문'을 가지고 정동에 살고 있던 미국인 선교사 두 사람을 찾아갔다. 우리말을 잘하는 감리교신학대학의 영어교수에게는 이 선언문을 영어로 옮겨달라고 부탁하고, 다른 선교사에게는 이를 일본과 미국으로 보내달라고 부탁했다. 두 선교사는 나의 부탁대로 영어로 옮겨진 선언문을 일본과 미국에 전달해 사건을 세계 여러곳에 알렸다.

자신은 선언 참여자 명단에 포함되지 않았지만 박형규 목사는 이 사건을 해외로도 알리기 위해 선언문을 번역해 해외 채널로 전파했다. 이후에 다시 살펴보겠지만, 이는 민주구국선언사건에 대한 국제적 연대가 촉발되는 과정 중의 하나라고 하겠다.

한편, 문익환 목사의 짐작대로 민주구국선언의 공표 이후 관련자들이 수사를 받고 구속되기 시작하고, 11명이 구속, 7명이 불구속 되는 등 관련자 18명이 피고인 신분이 된다. 주목할 것은 피고인 18명이 모두 그리스도교 신자였으며 이 중 가톨릭 신부가 5명, 개신교 목사가 6명으로 총 11명이 성직자였다. 이처럼 민주구국선언서 준비와 발표, 전개 과정에서 그리스도교계의 참여도는 특기할만한 것이다. 이와 같은 그리스도교 계열 인사들의 민주구국선언 참여 동기와 관련해서는 선언서를 낭독한 이우정 전 서울여대 교수의 다음 기록을 참고할 수 있다:

저자는 많은 의논 끝에 학생들이 많이 형무소에 들어가 있는데 교수를 했던 우리들이 그들의 주장을 대변해주고 그들의 석방을 요구하는 성명서를 내는 것이 최소한의 전직 교수들이 해야 할 도리라고 생각했다. 그래서 저자는 모두 동의했다. 내용은 현 정부의 정치, 경제, 외교 등 정책을 비판하면서 대안을 제시하고, 긴급조치는 물론 유신헌법을 철폐하고 민주헌법으로 돌아갈 것, 구속된 학생, 양심수들을 석방할 것을 주장하기로 하고 그리스도교계 성직자와 지식인, 정치인들이 민주구국선언을 준비하게 된 동기의 (표면적) 핵심은 3·1절을 기념하여 엄혹한 유신시대에 대한 응전의 역할을 하고자 했던 것이었다. 하지만 위 이우정 선생의 기록에서 볼 수 있듯, 선언 참가자 중에 교수와 성직자 등이 다수 분포하고 있다는 점을 고려할 때 민주화운동으로 고통받고 이미 수감되어 있던 사람들에 대한 '부채 의식'도 일부 작동한 것으로 보인다.

(2) 집합행동과 담론투쟁

1976년 3월 10일 서울지방검찰청 서정각 검사장이 3·1민주구국선언에 대해 발표한 것을 계기로, 유신정권은 명동성당에서 공표된 민주구국선언에 대한 언론과 대중의 광범위한 관심을 자발적으로 초래했다. 민주구국선언 참가자들을 정부 전복을 시도한 자들로 기소한다는 공개 발표는, 독재 통치에 저항하는 다른 이들로 하여금, 유신체제의 정치적 탄압과 사회적 불의에 대한 민주화운동 세력 일반의 주장이 실제로 민주구국선언 참가자들인 김대중 전 대통령, 문익환, 함석헌과 같은 저명한 정치인, 그리스도교 지도자, 반독재운동 지식인 등과도 공유되고 지지되었다는 것을 깨닫게 했다.

3·1민주주국선언이 당국에 의해 처음 공론화된 순간부터, 이 사건은 국가 전복 시도사건으로 규정되었다. 박정희 정부와 언론

은 반독재운동 인사들이 누구인지, 그들이 민주주의 실현을 위해 어떻게 투쟁하고 있는지를 일반 대중에게 알림으로써, 역설적이게도, 다른 시위 조직들에게 권위주의 정권에 대한 저항의 방식과, 가능한 담론투쟁 내용 등을 공유한 셈이 되었다.

사회 변동이 촉발되는 것을 게임이론의 관점에서 흥미롭게 고찰한 정치학자 마이클 최[Michael Chwe]는 이러한 것을 '공유 지식[common knowledge]'의 생성이라 부른다:

> '조정 문제'라고 불리는 상황에서 각 개인은 다른 이들도 참여할 경우에만 집합행동에 참여하려 한다. 이 문제를 조정하는 방법 가운데 하나는 단순하게 "모두 함께합시다"와 같은 메시지로 소통하는 것이다. 하지만 각 개인은 다른 사람들도 참여할 때에만 참여할 것이므로, 메시지 전달이 성공적이려면 각 개인이 그런 사실을 알 뿐만 아니라 다른 사람들도 그렇게 알고 있다는 사실을 알아야 한다. 각 개인은 다른 사람들이 서로 간에 그렇게 알고 있다는 것을 알고 있어야 한다. 이런 식으로 연쇄가 이루어져야 한다. 즉, 메시지는 '공유 지식'이 되어야만 하는 것이다.[14]

즉, 이 상황은 권위주의 정권의 주요 관료[이 경우 서정각 검사장]가 세간의 이목이 집중되지 않을 수도 있었던 평범한 시국기도회를 국가

14   최마이클(2014).

전복사건으로 규정하여 언론 매체에 제공함으로써, 역으로 다른 민주화운동 세력과 시민들에게 사회정의와 인권 회복 등의 가치와 필요성이라는 공유지식을 (의도치 않게) 생성 및 전파한 것으로 볼 수 있다.

이처럼 민주구국선언 참여자에 대한 기소 발표는 기도회와 집회 등 그리스도교계의 종교 활동을 박정희 정부 전복 시도로 공개적으로 등치 시킨 여론을 전파한 측면이 있다. 또한 이것은 박정희 정권이 가톨릭과 개신교의 종교공간에 기반한^{명동성당과 기독교회관} 사회참여 활동을 심각한 문제로 인식했음을 보여주기도 한다. 당국은 그리스도교계 인사들 주도의 저항과 민주구국선언을 정부 전복 시도로 규정함으로써, 역으로 이 그리스도교 교회 공간을 저항과 투쟁의 장소로 공식화한 것이 되었다. 이러한 인식은 1976년 3월 13일의 『경향신문』 사설이 천주교 명동성당을 "정치적 무대화"가 되었다고 묘사한 것에서도 확인된다. 저명한 종교계 및 정치 지도자들과 지식인들이 명동성당에서 민주화운동을 조직하고 참여했다는 사실은 성당의 정치사회적 공간성을 부각시켰고, 1970년대 민주화 투쟁의 새로운 성지로서 명동성당의 장소적 중심성을 공고히 했다고^{religious spatial framing} 볼 수 있다.

민주구국선언은 억압적인 대통령 긴급조치 9호^{1975년 공표}하에서 유신정권에 맞선 최초의 항거였다. 대통령 긴급조치^{1974~1979}에 따라 언론, 표현, 집회의 자유 등 국민의 일반적인 민주적 권리가 심각하게 제한되던 상황에서, 박정희 정부 독재 통치에 맞선 주요한 저항이었다. 민주구국선언은 이후 반독재운동을 추동하고 당시의 반유신 투쟁을 결집하는 역할을 했다는 점에서 의의가 크다. 이와 관련하여 민주구국선언의 내용을 발췌하여 살펴보자:

　　우리는 국민의 자유를 억압하는 긴급조치를 곧 철폐하고, 민주주의를 요구하다가 투옥된 민주인사들과 학생들을 석방하라고 요구한다. 국민의 의사가 자유로이 표명될 수 있도록 언론, 집회, 출판의 자유를 국민에게 돌려달라고 요구한다.

　　다음으로 우리는 유신헌법으로 허울만 남은 의회정치가 회복되어야 한다고 주장한다. 자유로이 표현되는 민의를 국회는 법제정에 반영시켜야 하고, 정부는 이를 행정에 반영시켜야 한다. 이것을 꺼리고 막는 정권은 국민을 위한다면서 실은 국민을 위하려는 뜻이 없는 정권이다.

　　(…중략…) 우리는 사법권의 독립을 촉구한다. 사법권의 독립 없이 국민은 강자의 횡포에서 보호받을 길이 없기 때문이다. 그러므로 사법부를 시녀로 거느리고 있는 정권은 처음부터 국민을 위하려는 뜻이 없다고 보아야 한다.

　　노동자들에게 노조조직권과 파업권마저 박탈하고 노동자, 농민을 차관기업과 외국자본의 착취에 내어 맡기고 구상된 경제입국의 경륜은 처음부터 국민을 위하는 것이 아니었다. (…중략…) 차관에만 의존한 경제체제는 처음부터 부패의 요인을 안고 있었다.

　이대로 나간다면 이 나라의 경제파국은 시간 문제다. 경제부조리와 부패는 권력구조의 심장부에서 발단되었기 때문이다. 사태가 이에 이르고 보면 박정권은 책임을 지고 물러날 밖에 다른 길이 없다. 만약 그럴 만한 겸허한 용기가 없다면 심장이라도 도려내는 심정으로 경제입국의 구상을 전적으로 재검토하라고 우리는 촉구한다 (…중략…) 부의 재분배를 철저히 하고 과감하게 실천하여 국민의 구매력을 키우라.

　크게 보자면, 민주구국선언서의 내용은 당대의 정치경제 현실 진단과 정부에 대한 요구 사항으로 구성되어 있다. 박정희 정권에 대한 요구사항은 크게 세 부분인데, 그것은 위의 인용문에서 일부 살펴볼 수 있듯 민주주의 회복, 경제정책 노선의 수정, 그리고 남북한 평화통일의 민족적 과업 제시이다.

　민주구국선언서의 내용과 선언사건의 전개는 박정희 유신정권의 문제점을 비판적으로 진단하고, 변화를 촉구하기 위한 대안적 방향을 제시함으로써 사회운동의 담론틀을 형성하고, 그것을 다른 민주화운동 그룹들과 공유할 수 있는 담론투쟁의 장에 올려 놓음으로써 사회운동으로서의 기본 요건을 충족시킨 집합행동이라고 평가할 수 있다.

반독재운동을 조직할 통로가 정권에 의해 차단된 상황에서 전국의 천주교와 개신교 교회에서 열린 시국 기도회와 미사는 박정희 정부의 권위주의에 대항하는 주요한 저항의 채널이었다. 다른 사회운동 단체들의 활동이 충분히 효과를 발휘하지 못하던 민주주의 탄압의 유신체제기에 국제적 지지를 받는 종교기관으로서 한국 그리스도교 교회는 미사와 기도회 등의 집합행동으로 박정희 정권의 독재 통치에 저항했다. 그리고 명동성당은 개신교의 기독교회관과 함께 이러한 유신과 긴급조치의 기간 동안 진행된 종교계 항쟁의 중심에 있었다.

종교사회학자 오토 마두로의 종교의 상대적 자율성relative autonomy 개념은 국제적 조직망을 갖춘 종교기관으로서의 그리스도교 교회의 이러한 저항적 역할 수행의 배경을 설명하는데 유용하다. 마두로는 종교의 상대적 자율성의 기초를 세가지로 나누어 설명했는데, 그것은 주관적인 차원, 객관적인 차원, 그리고 제도적 차원이다. 종교적 자율성의 주관적 측면은 하나의 종교체계나 단체가 공유하고 있는 심리-사회적 세계관을 말한다. 따라서 이것은 주관적인 요소를 담고 있다. 객관적 측면은 그 종교 체계나 단체에서 사회적으로 공유하고 있는 어떤 교의나 실천들을 가리킨다. 예를 들어 가톨릭교회의 경우 가톨릭 사회교리Catholic Social Teaching가 그 사례가 될 수 있다. 세번째 제도적 측면은, 종교 단체의 조직화되고 체계화된 인적 구성, 기관 등을 말하는 바, 개신교회의 경우 교단과 교파, 국제적 네트워크 등이 예가 될 수 있다.[15] 민주구국선언 선포의 경우 권위주의 정권하 타 사회운동 단체의 저항운동이 위축될 수 있는 여건에서, 종교단체가 갖는 상대적 자율성에 힘입어, 선언 공표 행사를 주도적으로 준비 및 조직하고, 효과적인 저항의 의례를 수행한 것이라 볼 수 있다.

1976년 8월 9일, 명동성당에서 열린 민주구국선언 관련 구속 사제들을 위한 특별 기도회에서 지학순 주교는 '한국 교회의 위기와 그 극복'이라는 제목으로 강론을 했다. 이 강론에서 지 주교는 "명동대성당은 1974년 이후, 젊은 사제들이 신앙과 양심의 소신을 밝히는 촛대였으며, 이 나라 '양심의 증언'의 본산"이 되었다며 양심 증언의 장으로서 명동천주교회의 중요한 역할을 언급했다. 여기서 지 주교는 1970년대 박정희 정부의 탄압에 맞서 반독재운동 목소리를 높였던 민주화 투쟁의 성지로서 명동성당의 공간적 중심성을 공개적으로 확인한 것이다. 사회운동에서 공간적 중심은 운동 참여자들 간의 긴밀한 유대를 형성하고 멀리 떨어져 있는 행위자들과 자원을 조직화된 공동의 목표에 동원하는 데 기여할 수 있다. 1970년대 민주화운동에서 명동성당은 선언문 발표 등을 통해 사회정의와 인권 실현을 위한 집합행동을 벌이고 담론 투쟁을 전개하며, 이 저항운동의 흐름을 지역의 교구 교회들과 다

---

15   Maduro(1982).

른 운동조직으로 확산하는 허브가 되었다.

(3) 시위전술

반유신, 반독재 민주화운동에서 민주구국선언사건이 갖는 특징과 의의는 그 인적 구성원의 그리스도교적 관련성과 민주주의와 인권 실현에 대한 담론투쟁 외에도, 1970~1980년대 사회운동의 전술protest tactics 차원에서도 생각해볼 수 있다. 박정희 정권하 1960~1970년대의 민주화운동은 권위주의 정부의 법적, 정치적 탄압으로 인해 그 실현 가능성과 발전에 제약이 많았다. 이런 상황에서 여타 다른 민주화운동 세력들은 그 활동 반경에 있어 범위가 크게 제한되었으나, 상대적으로 잘 조직화되어 있고교단, 교구, 지역교회 등, 초국적인 네트워크를 보유한 그리스도교 교회는 다른 운동조직들에 비해 반권위주의 운동에 있어 가시적인 성과를 내기에 유리한 물적organizational / material 토대를 갖추고 있었다.

한 예로, 민주화운동기념사업회와 미국 스탠퍼드대학 한국학 프로그램이 2007년 조사한 통계에 따르면, 1975년부터 1978년 사이에 그리스도교계 세력은 타 민주화운동 단체에 비해 가장 많은 횟수의 시위를 전개한 것으로 집계된다. 이처럼 민주화운동 참여에서 두각을 나타낸 1970년대 그리스도교계의 활동에서, 1976년 3월 1일 명동성당에서 전개된 3·1민주구국선언의 공표는, 종교계라는 울타리를 넘어서 1970년대의 핵심적 민주주의운동 사례로 평가될 수 있다. 역사적으로도, 1919년의 3·1운동 이후 한국의 사회운동에서, 공개적인 선언문의 공표는 지배체제에 대한 효과적인 저항의 방식으로 사용되어왔다. 유신체제의 강압적인 법적, 정치적 통제 아래, 평화적이고 비폭력적 방법의 시위전술로서 공개적인 선언문의 공표는, 박정희 정권의 정치적 정당성을 묻고 비판하는 효과적인 전술이 될 수 있었다.

(4) 국제적 연대

1976년의 3·1민주구국선언은 국제 연대 차원에서 폭넓은 지지를 이끌어냈다는 점에서도 1970년대 한국 민주화운동에서 중요한 사건이다. 즉, 민주구국선언은 한국 민주주의운동의 규모를 국내적인 것에서 국제적인 것으로 전환시킨 하나의 기점으로 평가할 수 있다. 이처럼 한국 민주화운동에 대한 관심과 주목도, 연대가 국제적 수준으로 재편될 수 있었던 데에는 크게 두 가지 배경이 있다. 먼저, 국제적 연대의 전개를 추동한 외신기자들과 국제 뉴스 미디어의 역할이다. 민주구국선언 공표 후 외신기자들은 선언 관련자들에 대한 법정 재판을 취재했다. 이들은 관련 재판의 내용과 진행 상황을 신문과 잡지에 보도했다. 1969년부터 1989년까지 한국에 거주하며 서울 감리교신학대학교 교수로 재직했던 에드워드 포이트라스 Edward W. Poitras, 한국 이름 박대인 는 이들 외신기자들에게 민주구국선언 재판의 내용과 진행 상황에 대한 통역과 번역을 지원했던 경험을 다음과 같이 회고한다:

일련의 긴 공판이 뒤따랐는데, 그것들을 모니터하고 진전된 소식을 세계로 알리는 것은 중요한 의미가 있었다. 나는 외국 기자들을 공판장으로 수행하고, 진행에 대한 동시통역을 해주었던 사람들 중 하나였다 (…중략…) 매번 나는 두 외국 기자들 사이에 앉아 그들의 기사를 위해 보고 베낄 수 있도록 공판내용을 쉴새없이 번역하여 쓰곤 했다. 재판정 정리가 우리를 퇴정시킬 것이라 예상되는 때가 많았지만 단지 몇 차례만 그런 일이 일어났으며, 따라서 저자는 상당히 자세하게 공판을 취재할 수 있었다. 미국으로 보낸 한 편지에서 이 공판들은 사기 공판이며, 요식적이고 정치적인 '인민재판 kangaroo trials'으로서 정의가 실현될 여지가 없다고 썼던 기억이 난다. 얼마 지나지 않아 화가 난 중앙정보부 요원이 다른 일로 나를 심문하면서 한국의 사법을 그런 말로 묘사해서는 안 된다고 얘기했다. 이렇게 해서 나는 수신되는 편지들뿐만 아니라 발신되는 편지들도 정부에 의해 개봉되어 읽혀지고 있음을 알게 되었다.

포이트라스의 증언은 1970년대 후반 민주구국선언 관련 재판의 진행 과정이 국제 언론에 알려지기까지의 분위기와 과정을 잘 전달하고 있다. 앞서 언급했듯이 1976년 민주구국선언에는 윤보선 전 대통령과 당시 대통령 후보였던 김대중 외에도 저명한 종교지도자, 지식인 등이 관련되어 있었기 때문에 재판의 진행 상황은 국내외 언론의 많은 관심을 끌었다. 유신체제의 탄압으로 국내 언론과 전국적인 민주화운동이 위축되어 있던 때에, 이들 외신기자들의 민주구국선언 재판 보도는 위축된 한국 민주화운동 흐름에 있어 국제적 차원에서 새로운 기회들을 만들어 낼 수 있는 발판을 제공했다고 볼 수 있다.

독일에서도 한국의 민주화에 대한 지지와 캠페인이 전개되었다. 하이델베르크대학교에서 박사학위를 받은 신학자 안병무가 1976년 민주구국선언 주요 참가자 중 한 명이라는 사실을 알게 된 하이델베르크대학교 신학대학원 교수진과 학생들이 안병무 박사가 선언 참여로 인해 구속된 사실을 알게 되었다. 하이델베르크대학교를 비롯한 독일 그리스도교 교회 구성원들은 조직 자원과 네트워크를 활용해 탄원서를 작성하고 소식을 알리는 등 안병무의 석방과 한국 민주화운동을 지원하기 위해 노력했다.

1976년 3·1민주구국선언사건 당시 독일 하이델베르크대학에 유학 중이던 손규태 목사는 하이델베르크에서 안병무 박사의 지인이기도 한 자신의 지도교수 퇴트[Heinz Eduard Toedt]에게 안병무의 체포 소식을 전하고 대처 방안을 논의한다. 이후 퇴트 교수와 협력하여 민주구국선언서를 독일어로 번역하여 하이델베르크 대학 전체 교수들에게 전달하고 안병무의 석방을 위한 서명을 받기로 한다. 당시 상황에 대한 손규태 목사의 회고를 들어보자:

우리는 꼬박 하루만에 그 성명서를 독일어로 번역했고, 그 성명서를 전체 교수들에게 보내고, 그리고 한국과 관련 있는 슈투트가르트의 독일 서남지구선교회Evangelisches Missionswerkn Sdwestdeutschland와 함부르크에 있는 독일 개신교 선교회Evangelisches Missionswek in Deutschland 등지에 보냈다. 그리고 독일교회 통신사인 EPDEvangelischer Presseldienst에도 보내서 독일 전체 통신사인 DPA에도 보내도록 했다. 그러자 독일의 주요 일간지에 한국에서의 기독교인들과 민주인사들에 대한 박해가 해설까지 곁들여서 상세하게 실렸다.

(…중략…)

한국 교회의 민주화투쟁을 독일 남부지방에서 가장 열성적으로 알리고 그 지원 활동을 열성적으로 벌인 분은 슈타우트Helmut Schtaudt 목사였다. 그는 당시 바덴Baden 지방 교회의 하이델베르크와 칼스루헤지역의 에큐메니컬 담당목사로 활동했고 (…중략…) 슈타우트 목사는 한국의 정치적 억압과 교회의 민주화투쟁을 알리기 위한 전시물들을 만들어서 거의 5년여 동안 100회가 넘게 독일 남서부를 순회하면서 전시회를 개최했었다. 100여 점에 달하는 이 전시물들은 바덴교회의 재정적 지원으로 만들어졌지만 개인적으로도 적잖은 출혈을 했다. 그는 당시 명동사건31민주구국선언으로 투옥된 분들의 사진들을 크게 확대해서 전시했고, 한국 민주화투쟁의 전 과정을 소개하는 벽보들을 만들었다. 특히 이 전시회에서 유명했던 것은 한국의 정치범들이 갇혀 있던 0.75평짜리 감옥을 만들어서 사람들에게 보여주어 사람들이 그 감옥에 들어가서 몇 시간 동안 감옥생활을 체험하기도 했다.

사회운동으로서 민주구국선언의 파장은 이렇게 국내외로 꾸준히 전해지고 있었다. 민주구국선언사건은 독일 교회가 박정희 정권의 민주주의 탄압을 알리고 1970년대부터 1990년대까지 한국의 민주화운동을 열렬히 지지하게 된 결정적인 사건이 되었다. 1970년대 한국 민주화운동의 주요 기점 중의 하나로 민주구국선언의 중요한 의의는 독재정권의 강력한 민주주의와 언론 탄압 상황에서 그리스도교계 지식인과 성직자, 정치인들이 모여 저항의 한 흐름을 만들고자 했고, 그것이 교회라는 지구적 제도와 네트워크를 힘입어 다양한 채널로 국내외로 전해지면서 이후의 반유신 운동으로 이어지게 하는 하나의 연결고리 역할을 했다는 것이다.[16] 민주구국선언사건은 캐나다와 미국의 재외동포 사회에서도 피의자 석방과 고국의 민주화운동에 대한 뜨거운 지지를 불러일으

16   강만길(1998).

켰다. 캐나다 교민들은 언론을 활용하고, 한국 대사관에 연락을 취하고, 민주화운동을 위한 피의자 석방을 호소하는 시위를 벌였다.

1976년 5월, 미국 내 한인들은 워싱턴 D.C.에서 250여 명이 모인 가운데 최초의 대규모 민주화 지지 시위를 조직했고, 시위대는 백악관, 한국 및 일본 대사관까지 행진하며 3·1민주구국선언문의 번역본을 미국 대통령과 국무장관에게 전달했다. 『뉴욕타임스』, 『내셔널 매거진』, 『크리스천 사이언스 모니터』 등 미국 언론은 1970년대 한국 민주화운동과 민주구국선언에 대해 보도했다. 또한 미국 국회회의록Congressional Record-Senate 1976년 5월 13일 자에는 민주구국선언문의 내용을 포함한 13페이지 분량의 기록이 담겨있기도 하다.

지리적으로 가까운 국가인 일본의 지원도 있었다. 일본 가톨릭 정의평화협의회는 1976년 민주구국선언의 재판 기록을 영문으로 번역해 출판하는 등 한국 가톨릭계와 협력했다. 또한 유신정권의 가혹한 탄압과 통제를 받던 한국의 언론 상황에서 『아사히신문』 등 일본 언론은 1976년의 민주구국선언을 객관적으로 보도하고, 1970년대 한국 민주화운동의 맥락에서 이 사건이 갖는 의미를 짚어주었다. 1976년 3월 2일과 3월 3일 『아사히신문』의 기사를 살펴보자.

1일의 민주구국선언은 (…중략…) '긴급'조치가 1년 가까이나 지속되어 있는 이상사태에 대한 국민의 고뇌를 읽고, 민주회복을 향한 국민적 분위기가 고조되는 계기를 노린 것이라고 판단된다[1976년 3월 2일 자].

강대한 군대와 경찰력이 있다면 무기도 없는 사람들을 제압하는 것은 용이하다. 그렇지만 자유를 향한 열망을 뿌리째 뽑아 없앨 수는 없으며, 종국에 가서 승리하는 것은 그러한 근원적인 인간의 이념이다. 무엇이 한국의 안정과 국민생활의 번영에 긴요한가를 한국정부가 충분히 숙고하기를 바라는 바이다[1976년 3월 3일 자].

1970년대 후반 국내에서 언론과 표현의 자유는 심각하게 억압되고 훼손되었다. 당시 국내에 들어온 외국신문의 경우, 한국의 민주화운동에 대한 보도가 있으면 검게 먹칠이 되어 가려져 국내에 보급되는 것이 현실이었다. 이러한 상황에서 위와 같은 『아사히신문』의 보도는 한국 민주화운동에 대한 일본과 국외의 여론에 영향을 주기에 충분했다. 같은 신문은 특별히 3월 4일의 보도에서 한국 종교계의 역할을 주목하여 특파원 기사에서 "지금의 한국에는 독자적인 정보전달과 상호부조의 조직을 가진 것은 종교계 이외에는 없다"고 지적했다:

"(민주구국선언의) 발표로 단숨에 정권과의 역관계가 역전된다고 하는 달콤한 환상은 절대 아니고, 오히려 억눌려 있던 민주회복운동을 부활시키는 계기로 삼고 대중적인 운동의 폭을 넓히기 위한 선구적 '돌출' 행위라고 자각한 후의 행동이었다고 보고 있다. '선언'에 대해서 '연행선풍'이 불어닥칠 것은 현 정권의 체질을 잘 알고 있는 반정부 측이 예상하지 못했을 리가 없고, 오히려 '계산된 수난'이라는 견해가 유력하다 1976년 3월 4일 자.

이후에도 『아사히신문』은 민주구국선언의 중요성을 강조하고, 한국의 민주화운동을 꾸준히 보도하며 박정희 정권의 독재정치에 대한 비판적 기사를 게재하고, 유신체제가 워싱턴포스트 등 미국 언론에서도 부정적으로 해석되었다는 점을 소개하며 한국의 인권회복과 민주화의 필요성을 강조했다.

(5) 한계

1976년 3월 1일 민주구국선언서의 공표와 그에 따른 국내외적 반향이, 박정희 유신정권에 치명적인 타격을 주었다고 보기는 어렵다. 하지만 분명한 것은 민주구국선언이 1970년대 독재정권 하에서 민주주의운동이 지속되고 진화할 수 있음을 보여준 중요한 사건임에는 틀림없다는 것이다. 민주구국선언의 의의는 1970년대 민주화운동의 전체 맥락속에서, 저항의 연속성continuum of resistance

내에서 파악되어야 한다.

긴급조치하 박정희 정권의 기관지가 된 국내 언론에서 민주구국선언에 대한 올바른 보도는 불가능한 것이었다. 그러나, 민주구국선언이 즉각적이고 전국적인 반유신운동을 촉발하지 않았다고 해서, 박정희 정권이 그것에 부담을 느끼지 않은 것은 아니다. 민주구국선언 소식을 접한 미국 상원의원 17명과 하원의원 102명은 박정희에게 서한을 보내 "민주회복을 촉구하는 인사들에 대한 탄압 소식을 접하고 비탄에 잠겨있다면서 이런 상태에서는 미국의 유권자들에게 남한에 대한 군사적 지원을 정당화하기가 어렵다"며 압박했다. 박정희 대통령은 민주구국선언이 "학생데모 촉발 의도"를 가지고 있다면서, 북한의 위협을 끌어오기도 했다. 또한 민주구국선언 같은 "범법행위를 방치하면 폭력사태가 일어난다며 강경정책을 내외에 선전"하기도 했다. 박정희 유신정권의 이러한 대응은 오히려 체제 유지에 대한 불안감을 드러낸 것이라 할 수 있다.

이처럼, 종교계 안팎과 국내외의 경계를 넘으며 민주구국선언 사건이 주목을 받고 1970년대 민주주의운동의 중요한 기점이 되는 것은 부인할 수 없다. 이로 인해 긴급조치 9호 상황에서도 인권운동, 민주화운동이 활성화될 수 있었다. 그럼에도 불구하고, 3·1 민주구국선언이 사회운동으로서 갖는 한계 또한 평가되어야 한다. 그것은 사건의 준비과정과 전개의 인적구성에서 우리가 보았듯이, 교수와 종교지도자 등 엘리트 명망가 중심의 사회운동이었다는 것이다. 민주구국선언사건이 주목과 지원을 집중 받게 되자, 노동운동탄압이나 인권탄압에 대한 주목도는 떨어지게 된 측면이 있다. 민주구국선언과 관련된 피고인이나 가족은 스포트라이트를 받았지만 상대적으로 다른 민주화운동 관련자들이나 구속학생, 노동자에 대한 지원과 관심은 줄어들게 되었다.[17]

(6) 평가

이 절은 1970년대 한국 민주화운동에서 하나의 분기점이 되는 사건으로 1976년 3월 1일 명동성당에서 전개된 3·1민주구국선언의 특징과 의의를 살펴보았다. 1972년 독재 유신정권의 수립으로 정치적 저항 여론이 일시적으로 감소했지만, 1973년 이후 반유신 민주화운동이 다시 일어났다. 학생과 재야 운동 단체의 반발에 박정희 정부는 1974년부터 대통령 긴급조치를 공표하며 대응했다. 1975년 5월 긴급조치 9호를 시행할 무렵, 유신체제에 저항하는 세력에 대한 국가 탄압은 최고조에 달했다. 긴급조치 9호 발령 당시 많은 대학교수들이 저항 활동을 했다는 이유로 해직되었다. 민주화운동에 대한 이러한 탄압 조치에는 많은 반독재운동 언론인, 정치인, 노동자, 학생들에 대한 체포도 포함되었다. 1919년 일제 식민통치에 항거한 3·1운동을 기념하여 1976년 3월 1일 명동성당에서 3·1민주구국선언을 선포하는 행사가 준비되고 있었던 것도 이러한 맥락에서였다. 역사가 강만길은 반유신운동 진영에게 1976년은 민주화운동을 한 단계 끌어올리기 위한 또 다른 돌파구가 필요한 시기였다고 지적한 바 있다.

권위주의 유신정권에 정면으로 맞선 민주구국선언은 억압적인 긴급조치 9호 하의 다른 민주화운동에도 영향을 미쳤다. 민주구국선언에 참여한 저명한 정치인, 지식인, 그리스도교 지도자 등은 이후 반독재운동의 중요한 인물로 성장했다. 민주구국선언은 이후 반유신 시위를 추동하고 1970년대 민주화운동에서 민주주의와 인권 문제에 대한 담론적 진전에도 기여했다.

명동성당에서 공표된 민주구국선언은 1970년대와 1980년대 한국 민주화운동의 맥락에서 시위전술protest tactics로도 중요한 의미를 지니고 있다. 1960~1970년대 박정희 통치 시기에는 정권의 법적, 정치적 탄압으로 인해 민주화운동의 성공 가능성이 매우 제한적이었다. 다른 시민사회운동 단체들의 반독재 저항이 크게 제한되는 상황에서, 상대적으로 조직이 잘 정비되고 국제적 네트워크가 형성된 그리스도교 단체들이 1970년대 한국 민주화운동에서 두드러진 역할을 할 수 있었다. 앞서 언급했듯 1975년에서 1978년 사이에 그리스도교인들은 다른 어떤 운동 집단보다 가장

17 김정남(2005).

빈번하게 시위를 벌였다. 이러한 1970년대 그리스도교 시위의 물결 속에서 1976년 명동성당에서 전개된 민주구국선언은 교회의 경계를 넘어선 영향력 있는 민주주의운동으로 평가할 수 있다.

역사적으로도, 1919년 3·1운동 이후부터 한국의 저항운동 단체들이 효과적인 전술로 사용해 온 것이 시국선언문 발표였다. 1970년부터 1992년까지 한국 민주화운동에서 시위나 집회 다음으로 많이 사용된 전술도 시국선언이었는데, 억압적인 유신체제 하에서 평화적이고 비폭력적인 저항 방식인 시국선언은 1970년대 박정희 독재 통치의 정당성에 이의를 제기하는 데 주요하고 효과적인 전술로 작용했다. 1974년 지학순 주교의 양심선언과 1976년 3·1민주구국선언은 시국선언 발표에 있어 가장 중요하고 널리 영향을 미친 사례로 꼽힌다. 1980년 5·18광주항쟁 이후 민주화운동 참가자들의 시위전술은 1980년대 학생과 노동단체의 급진화에 따라 훨씬 더 급진적인disruptive 양상을 띠게 된 것이 사실이다.

사회정의 구현과 인권 회복의 의지를 담고 대한민국에서 민주주의의 근간을 회복하자는 1976년 3·1민주구국선언의 외침은 국내를 넘어 국외에도 전해졌다. 주한 외국인과 외신기자들, 국내외 종교계와 민주시민들도 이 과정에 함께했다. 미국과 캐나다, 독일 등 미주 유럽 사회를 포함하여 아시아의 일본까지 언론과 재외 한인동포, 그리스도교 교회가 한국 민주화운동을 지원하고자 했고, 국외 정부 및 공공기관 등도 이에 지지 또는 호응하며 민주주의와 인권이라는 보편 가치가 종교계를 넘어 확산될 수 있는 가능성을 보여준 사례들이 되었다.

5. 결론

이 책의 2장에서는 먼저 1970년대 가톨릭의 저항이 지학순 주교 체포사건으로 어떻게 촉발되었는지에 대해 설명했다. 이어서, 지 주교의 체포와 이후 가톨릭 저항의 물결이 현재까지도 한국에서 중요하고 영향력 있는 사회운동조직 중 하나인 천주교정의구현전국사제단의 결성1974년을 통해 어떻게 구체화되었는지를 설명했다. 또한 우리는 1970년대 한국 민주화운동에서 중요한 분기점이 되는 사건으로 1976년 3월 명동성당에서 있었던 3·1민주구국선언을 살펴보았다. 먼저 1970년대 민주주의운동 맥락에서 민주구국선언이 갖는 의의를 살펴본 후, 특별히 민주구국선언이 유신체제의 독재 통치에 도전하기 위한 저항을 공고히 하고 연대를 강화하는 데 있어 국내외 민주화운동 진영에 새로운 모멘텀이 된 과정을 살펴보았다.

권위주의 유신정권에 정면으로 맞선 반유신운동은 억압적인 긴급조치 9호 하의 다른 민주화운동에도 큰 영향을 미쳤다. 3·1 민주구국선언에 참여한 저명한 정치인, 지식인, 그리스도교 지도자 등은 이후 반독재운동의 중요한 인물로 성장했다. 또한 민주구국선언은 이후 반유신 시위를 추동하고 1970년대 민주화운동에서 민주주의와 인권 문제에 대한 담론적 진전에 기여했다.

1970년부터 1992년까지 한국 민주화운동에서 집회나 시위 다음으로 많이 사용된 전술은 시국선언이었는데, 억압적인 유신체제 하에서 평화적이고 비폭력적인 시위 전술인 시국선언은 1970년대 박정희 독재 통치의 정당성에 이의를 제기하는 데 중요하고 효과적인 전술로 작동했다.

1974년 지 주교 체포사건과 1976년 3·1민주구국선언 이후 개최된 기도집회시위는 명동성당이 당시 민주화운동의 성지로 자리매김하는 데 주요한 역할을 했다. 이 장은 이처럼 명동성당이 민주항쟁의 성지로서 위상을 갖는 과정을 1970년대 한국 반독재운동의 맥락에서 검토했다. 이렇게 구축된 민주주의 성지로서의 명동성당의 공간성은 1970년대 한국 가톨릭계 반독재운동 인사들과 정의구현사제단 같은 단체들의 사회정치적 개입에 도덕적 권위를 부여하는 기반이 되었다. 명동성당은 1970년대 기도집회시위와 가두행진 등 선언과 집합행동을 통한 담론 경합의 장으로 기능함을 통해 반유신운동의 전략적 거점 중 하나가 되었다.

제3장

저항
1980년대 초 사회운동과 가톨릭교회

우리가 앞서 살펴보았듯, 명동성당을 배경으로 한 공간의 정치 spatial politics 는 1970~1980년대 한국 민주화운동의 전개와 발전에서 주요한 국면들을 형성했다. 1974년 유신정권하 지학순 주교의 구속에서부터, 1987년 6월항쟁 기간 중 명동성당농성투쟁에 이르기까지, 반독재 민주화운동에 참여한 한국 천주교회의 저항적 인물들 / 단체들의 투쟁 활동과, 또 그들이 운동참여자들간의 관계를 조정 coordination 해 낸 역할을 바탕으로, 명동천주교회에서의 공간정치는 민주화 투쟁의 과정에서 동원 mobilising 과 지속 sustaining , 네트워킹 networking 의 기능을 수행하였으며, 이를 통해 한국 민주화운동의 주요한 국면들을 구성할 수 있었다.

이 장은 1980년대 초 한국 민주화운동 시기에 집중하여 논의를 전개하는 바, 이 주제에 대한 접근에서 5·18광주항쟁은 검토의 중요한 지점 중 하나가 된다. 기존의 한국 민주화운동사 연구는 1980년 5·18광주항쟁 이후 1983년 전두환 정권의 유화조치까지의 시기를 민주화운동의 침체기로 보는 시각이 있다. 저자는 이러한 기존의 평가가 사회운동 전체를 보는 관점에서는 문제가 있음을 지적하고, 한국 천주교회의 저항적 개입이 1980년대 초 민주화운동 전체에서 항쟁의 지속성을 유지하는데 일정한 역할을 담당했음을 설명하고자 한다.

이 장에서 다뤄질 또 다른 내용은 1982년 부산 미국문화원 방화사건과 이에 대한 천주교의 대응이다. 5·18광주항쟁에 대한 정권의 폭력진압 이후 엄혹해진 한국 민주화운동 소강시기에, 방화사건 주동자인 문부식과 김은숙이 원주교구의 최기식 신부에게 도움을 요청하게 되고, 전두환 정권이 최기식 신부를 구속하면서 1980년대 초 군사정권과 천주교의 대립각이 선명해지는 지점이다. 그러면 부산 미국문화원 방화사건을 계기로 전두환 정권과 천주교회가 대립하면서, 이것을 구심점으로 5·18광주항쟁 탄압 이후 사회운동이 침체기를 겪었다고 평가되는 1980~1983년 시기에 민주화운동세력이 어떻게 저항성을 유지할 수 있었는지 살펴보자.

1. 항쟁과 종교

주지하듯 1980년 5·18광주항쟁은 1980년대 한국 사회운동의 분수령이었다. 5·18광주항쟁은 1980년대 내내 반권위주의 민주화운동에 지속적인 저항 정신과 민주적 열망을 불어넣었다. 5·18 광주항쟁 이후에도 군사 정권의 계속되는 강력한 탄압으로 인해 1980년대 초반 전두환의 독재 통치에 저항하는 반독재운동은 제약을 피하기 어려웠다. 삼청교육대 같은 기관을 통해 잔학행위가 저질러졌는데, 당국은 '순화교육'을 명분으로 4만여 명을 강제로

군부대로 연행하여 고문을 가했다. 이처럼 5·18광주항쟁 이후 전두환시대인 1980년대 초반 한국 사회에서는 국민들에게 극단적인 수준의 강압과 통제가 가해졌다. 그러나 이와 같은 극심한 국가 탄압 속에서도 한국의 민주화운동은 소멸하지 않았다.

우리는 먼저 천주교회가 1980년 5·18광주항쟁에 대해 기존의 운동조직과 함께 어떻게 대응했는지 검토한 다음, 1982년 부산 미국문화원 방화사건에 대해서도 천주교 측에서 어떻게 개입했는지 조명하고자 한다. 이 장에서는 1980년과 1983년을 중심으로 한국 가톨릭교회와 전두환 정권의 대립을 살펴봄으로써 1980년대 초반 한국 민주화운동의 활력이 1980년대 전반적인 반독재운동 흐름 속에서 어떻게 재생산되고 유지되었는지 살펴보자.

2. 기존 운동조직의 역할

진보적 그리스도교 단체들은 이미 1970년대 초부터 광주지역 민주화운동조직에서 중요한 구성원이었다. 사회 참여적인 한국 천주교 단체들도 이 그리스도교 사회운동 분야에서 주목할 만한 역할을 했다. 1976년 5월에 창립된 천주교 광주대교구 정의평화 위원회는 진보적 평신도와 사제들을 잇는 중요한 연결고리였다.

개신교 측에서는 1974년 6월에 한국기독교교회협의회 광주지회 ^{광주기독교연합회}가 설립되었다. 1980년 4월에 창립된 사회선교협의회는 광주의 진보적인 천주교와 개신교 조직들을 하나로 묶는 역할을 한 단체였다. 이 협의회에는 광주대교구 정의평화위원회, 가톨릭농민회, 가톨릭노동청년회 등 천주교 기관들과 개신교 단체 3곳이 회원으로 참여했다.[1]

1980년 남동성당 주임신부였던 김성용 신부는 사회선교협의회의 창립을 주도한 인물 중 한 명이다. 김 신부는 1980년 5월 광주민주화운동 이전부터 사회선교협의회와 국제앰네스티 광주지부에서 활동해 온 광주지역 사회정의운동의 중요한 인사였다. 광주 앰네스티^{1977년 12월 설립}는 광주의 개신교, 천주교, 재야 반독재운동가들이 모여 결성한 단체이다. 1979년 12월까지 광주 앰네스티 집행부 15명 중 천주교 사제는 김성용, 조비오, 정규완 등 3명이었다. 김성용 신부가 남동성당의 주임신부였다는 사실은 1980년 5월 이후 5·18광주항쟁의 잔혹한 진압에 맞서 천주교와 개신교 반독재운동 인사, 지식인, 기타 활동가들을 동원하고 조직적인 행동을 전개하는 주요 공간 중 하나였던 남동성당의 중요성을 시사하는 대목이다.

1980년대 이전에도 광주 가톨릭노동청년회^{가노청}는 이미 지역 기업에서 민주노조를 조직하는 데 성과를 거둔 바 있다. 항쟁 기

1 　강인철(2013).

간 동안에도 광주 가노청의 활동은 결정적이었다. 5·18광주항쟁의 초기 단계부터 1980년 5월 27일 항쟁이 끝날 때까지, 특히 광주에서 억압받는 사람들을 환대하고 보살피는 데 있어서 가노청 사람들은 없어서는 안 될 조직적 자원이었다. 당시의 상황을 설명하는 가노청의 보고서 『한국가톨릭노동청년회 50년의 기록』의 내용을 살펴보자:

> 광주 JOC가노청는 시민 항쟁 초기부터 광주사건의 진실을 알리는 중요한 작업을 수행하고 있었다. 19일부터 회사들이 휴업에 들어가면서 JOC 회원들은 유인물을 제작하는 한편, 일손이 필요한 곳으로 가서 함께 했다. 가톨릭센타가 폐쇄된 이후 당시 YWCA가 대책위 사무실 구실을 했는데, 여러 JOC 회원이 대자보 쓰기, 전단지 배포작업, 포목점에서 천을 사다가 검정리본 만드는 일 등에 참여했다. (…중략…)
>
> 도청에서 저항하는 시민들을 위한 취사 일을 JOC 회원인 정향자, 김성애, 윤청자, 신양희, 김순희 등이 맡아서 하고 있었던 것이다. (…중략…) 정숙경본다 등 전남대학교병원 간호원팀은 헌혈안내와 가벼운 환자들의 응급조치를 맡아서 수행했고, 부상이 심한 환자의 경우는 병원으로 보내는 등의 일을 했다.
>
> JOC 회원 가운데 홍순권베오은 시민군과 함께 도청을 지키다가 계엄군에게 살해당한다. 그는 1979년에 광주일고를 졸업하고 곧바로 세차

장에서 일하면서 광주 북동 섹션에서 JOC 활동을 시작했다. 어렸을 때 사고를 당하여 한 쪽 팔이 많이 짧았으나, 많은 사람들에게 온순하고 부지런하며 희생정신이 강했다고 기억된다. 광주항쟁이 발생한 초기부터 시민 저항에 참여하여 궂은 일을 수행하면서, 시신을 돌보는 일을 하기도 했다. 정향자는 "부패한 시체를 염하다 보면 10분, 20분만 지나도 머리가 깨지는 것 같았는데 그 친구는 말없이 한 시간 두 시간 염을 했다"면서, 그를 "살아 있는 예수" 같은 인물로 기억한다. 그는 JOC 회원들과 "도청 취사반, 수혈반 등으로 항쟁에 참여했다"가, "1980년 5월 27일 도청 앞 상무관에서 계엄군의 총격으로 사망"했다.

가노청을 비롯한 기존의 그리스도교 운동 단체와 여타 가톨릭 인사들은 5월 22일 시민학생수습위원회를 결성하는데 결정적 역할을 했다. 시민학생수습위원회는 5월 25일에 수습대책위원회를 설립하는 데에도 중요한 역할을 했는데, 여기에는 학생, 지식인, 재야 인사들이 포함되었다. 5월 25일부터 26일까지 수습대책위원회는 항쟁지도부와 함께 5·18광주항쟁의 마지막 투쟁이 벌어진 도청에서 계엄군 병력에 맞서 싸우며 머물렀다. 당시 수습대책위원회 위원 25명 중 19명^{모두 천주교 신자는 아니었지만}, 대표와 대변인^{김성용 신부}이 남동성당 출신이었다.

5월 25일 수습대책위원회는 당시 최규하 대통령에게 광주에서 자행된 국가폭력에 대한 정부의 사과와 배상을 요구하는 성명서를 발표했다. 5월 26일 오전, 도청에 머물던 시위대 17명은 김성용 신부의 주도하에 비무장 상태로 계엄군을 향해 걸어가 마주대치하는 '죽음의 행진'을 계획하고 실행했다. 자료집『저항과 명상─윤공희 대주교와 사제들의 오월항쟁 체험담』에서 당시 상황을 설명하는 김성용 신부의 기록이다:

"우리 어른들이 총받이로 나섭시다."

철야한 수습대책위원은 17명이었다.

"탱크가 있는 곳으로 걸어 갑시다. 지금 이 상태로는 우리들은 불을 언제 뿜을지 모르는 탱크 앞에 나가도 죽을 것이며, 여기 있어도 죽을 것입니다. 그러니 전원 나갑시다. 그리고 젊은이들은 여기 남아서 여기를 지켜 주십시오."

전원이 찬동하여 일어났다.

"제의합니다. 그들과 대화를 이룰 수 있다면 우선 항의합시다.

왜 약속을 배반했는가 하고, 해명하고, 사과하라고 합시다. 그것을 이 자리에서 결의합시다."

- 1시간 이내에 군은 본래의 위치로 철퇴하라

- 그렇지 않으면 전 시민의 무장화를 호소하고

- 게릴라전으로 싸웁시다

광주대교구는 5·18광주항쟁 당시 시민군을 지원한 기존 가톨릭 단체에서 중추적인 역할을 담당했다. 광주대교구 사무실은 항쟁 당시 격전지가 되었던 금남로 가톨릭회관에 있었다. 1980년 6월 30일, 천주교 광주대교구 사제들은 5·18광주항쟁의 진상을 담은 보고서를 공표했다. 이후 정의구현사제단은 광주대교구의 보고서를 지지하고, 항쟁 당시 계엄군의 잔인한 폭력을 지적하는 성명서를 발표했다. 인근의 전주교구도 항쟁 기간 동안 광주 시민과 광주대교구를 돕기 위해 노력했다.

5·18광주항쟁에 연루된 천주교 사제들은 항쟁 이후 당국에 잡혀가기 시작했다. 천주교 광주대교구 소속 사제 9명이 체포되었고, 서울대교구의 오태순, 양홍, 김택암, 안충석, 장덕필 신부와 정양숙 수녀 등 항쟁의 진상을 국내외에 알리기 위해 노력한 천주교인들이 허위사실 유포 혐의로 신군부에 의해 체포되었다. 항쟁 당시 시민학생수습위원회와 수습대책위원회의 주요 인물이었던 광주 남동성당의 김성용 신부는 15년형을 선고받고 독방에 수감되었다. 항쟁 당시 수습대책위원회에서 활동했고, 이후 1980년대와 1990년대 광주 민간인에 대한 군부의 잔인한 폭력의 진상을 알리기 위해 노력한 광주 계림동성당 조비오 신부는 3년형을 선고

받았다. 이후 김성용 신부는 1981년 8월 15일에, 조비오 신부는 1980년 10월 30일에 석방되었다. 체포된 다른 천주교 사제들은 한 달 남짓한 구금 기간 후에 석방되었다.

5·18광주항쟁의 진실을 알리기 위한 해외 가톨릭 단체들의 지원도 이어졌다. 1980년 6월 6일, 일본 가톨릭 정의평화협의회는 5·18광주항쟁 보도 자료인 '찢어진 깃폭'을 번역하여 배포했다. 1980년 6월 10일, 로마에 주재하는 한국 천주교 성직자, 수녀, 수도자들은 광주대교구에 지지 성명서를 보냈다. 같은 해 6월 16일 미국 천주교회도 주교회의 의장_{샌프란시스코 대주교 John R. Quinn} 명의로 "한국 교회의 인권옹호를 위한 과감한 노력을 지원할 것"을 밝힌 서한을 한국의 김수환 추기경과 윤공희 광주 대주교에게 보냈다.

3. 시선들

한국사학자 윤선자는 5·18광주항쟁 기간과 항쟁 이후의 광주대교구의 적극적인 참여는 다른 교구에 비해 다소 고립된 것이었다고 보았다. 윤선자 교수의 평가에 따르면, 광주대교구와 전주교구를 제외한 다른 천주교 단체와 교구들의 5·18광주항쟁 전개에 대한 대응과 조치는 소극적이거나 미미했다. 그는 5·18광주항쟁에 대한 천주교회 내부의 이러한 상이한 반응은 한국 천주교의 구조적 특성에서 기인한다고 말한다. "고위 성직층의 태도에 따라 교구별로 정치적 성향이 달라지며, 같은 교구라 할지라도 시기별로 정치적 성향이 달라질 수 있다"는 것이다.[2] 실제로 일부 천주교 사제들은 전두환 신군부 지지 진영에 합류했다. 대구대교구 소속 이종흥, 전달출 신부는 1980년 10월에 설립된 신군부의 국가보위입법회의에 참여했다.

그러나 1980년대 초 민주화운동에서 한국 천주교회의 역할을 평가할 때는 5·18광주항쟁과 당시 전두환 정권의 연이은 가혹한 반독재운동 탄압이라는 사회적, 정치적 맥락을 고려해야 한다. 1980년대 권위주의 정권의 강압 속에서 광주대교구, 한국 천주교 정의평화위원회, 정의구현사제단, 서울대교구 및 여타 천주교교구교회들의 네트워크화된 조직적 공동 노력은 5·18광주항쟁 이후 1980년대 초반의 민주화운동을 지속하는 데 중요한 역할을 했다. 이 시기에는 한국의 변호사들조차 5·18광주항쟁 관련자들의 사건을 변호하기를 꺼려했기 때문에, 천주교회는 5·18광주항쟁과 관련하여 체포된 사람들을 도울 방법을 모색하기도 했다.

조직 자원organisational resources은 갈등정치 상황에서 사회운동의 지속성을 유지하는 데 핵심적인 역할을 한다. 5·18광주항쟁의 잔혹

---

2   윤선자(2002).

한 진압 이후 민주화운동이 타격을 입은 1980년대 초, 전두환 정권의 강압 통치에 맞서 반독재운동을 유지하는 데 기여한 한국 천주교의 역할은 1980년 5·18광주항쟁 이전과 실제 항쟁 기간 동안 진행된 저항의 연속선상에서 이해될 필요가 있다.

우리는 1980년대 초반 민주화운동에서 전두환 정부의 권위주의에 대한 저항의 생명력을 지탱하는 데 한국 천주교회의 역할이 있었음을 확인할 수 있다. 한국 천주교회와 5·18광주항쟁의 관계적 동학relational dynamics에 대한 고찰은 1980년대 초반, 특히 1980년 5·18광주항쟁 이후 부터 1983년 전두환의 유화조치가 시행될 때까지 저항적 천주교 단체와 인사들의 조직적 자원이 민주화운동을 지속하는 역할을 했음을 보여준다.[3] 광주 가톨릭노동청년회, 광주대교구, 그리고 지역 교구 교회들의 체계적인 네트워크는 5·18광주항쟁 전개 과정에서 한국 천주교회가 유기적으로 기능하는데 주요한 역할을 했고, 항쟁 이후 1980년대 초반 민주화운동의 활력을 지속시키는 데 기여했다.

5·18기념재단1994년 설립의 초대 이사장이 천주교 조비오 신부였다는 사실은 5·18광주항쟁과 1980년대 한국 민주화운동에서 천주교회 활동의 중요성을 반영하는 것이다. 한국 천주교회는 지구적 가톨릭교회의 제도적, 초국가적 네트워크를 활용해 1980년

---

3   Shin et al.(2011).

5・18광주항쟁의 진실과 전두환 정권의 잔인한 국가 폭력을 외부로 알리는 운동을 전개할 수 있었다. 한국 가톨릭의 사제와 평신도들이 일본으로 보낸 5・18광주항쟁 관련 보고서를 『아사히신문』을 비롯한 일본 언론에 배포하는 데에는 일본 천주교 정의평화위원회의 협조도 있었다.

미국 가톨릭교회에서도 한국 천주교의 사회정의 운동을 지지하는 성명이 발표되었다. 일본과 미국 외에 서독의 지원도 눈에 띄었다. 서독 보트로프Bottrop 시 천주교와 개신교 성직자들은 항쟁 당시 자신을 희생하며 민주주의를 위해 싸웠던 광주 시민들이 당국에 의해 고문당하고 체포되었다는 서신을 받았다. 이후 보트로프 시의 천주교 사제와 평신도들은, 민주주의를 위해 투쟁했지만 이후 전두환 독재정권에 의해 체포된 광주시민들의 석방 운동을 전개했다. 보트로프의 그리스도교 성직자 그룹은 가톨릭 주교, 국회의원, 노동조합원, 일반인 등 독일 시민 10,150명이 참여한 탄원서와 기부금을 모아 광주대교구 정의평화위원회에 보냈다. 서독 보트로프의 에큐메니컬 성직자들이 주축이 된 이 연대는 5・18광주항쟁 이후 민주화운동가 및 시민 체포와 관련해 수집한 자료를 독일 외무부, 본Bonn 주재 미국 대사관, 언론사, 정치인 등 다양한 외부 채널에 지속적으로 전달하기도 했다.

특히 독일의 유력 일간지 『프랑크푸르터 알게마이네 차이퉁』은 보트로프의 그리스도교 성직자들주로 가톨릭의 알포네 라이더(Alfone Rieder) 신부가 조율이 이끈 캠페인과 탄원서 작성의 전개 과정을 상세히 보도했다. 그리고 한국광주대교구와 한국 천주교 정의평화위원회과 서독 간의 이러한 국제 가톨릭 협력은 5·18광주항쟁에 참여해 체포된 사람들의 석방과 형량 감경으로 이어졌다. 이러한 국내 및 초국적 조직 자원과 제도적 네트워크institutional networks의 지원을 입은 한국 천주교회는 5·18광주항쟁 당시 전남지역과 항쟁 이후 광주를 넘어 전두환 정권의 권위주의특히 1980년과 1982년 사이, 1983년 유화조치 시기까지에 저항하는 중요한 운동 부문이 될 수 있었다.

4. 부산 미국문화원 방화사건

1980년대 초 주목할 만한 반독재운동사건 중 하나는 1982년 부산의 미국문화원에 대한 방화사건이다. 이 방화의 배경에는 1980년 5월 광주에서 발생한 민중 봉기를 진압하기 위해 국군을 파견한 전두환 정권에 미국이 최소한 동의했고, 그 결과 광주 시민 학살을 일부 방조했다는 반미 감정이 깔려 있었다. 당시 문화원을 방문 중이던 무고한 시민이 희생된 것은 너무나 안타까운 일이지만, 부산 미국문화원 방화사건은 5·18광주항쟁 당시 한국의 국가폭력에 대한 미국의 개입과 책임 논쟁을 공론화하고 전두환 정부의 정당성에 이의를 제기한 사건이었다. 1960년 4월혁명, 1979년 부마항쟁 등 부산·경상권에서 일어난 반독재운동이 1960년대와 1970년대 이승만과 박정희 권위주의 정권에 대한 저항의 방향을 가늠하는 하나의 시험대였기 때문에 방화사건이 부산에서 발생했다는 사실도 주목할 만했다.

또한 1982년 부산 미국문화원 방화사건은 이후 한국 가톨릭교회가 이 사건에 관련되고 개입했다는 측면에서도 중요하다. 사건 발생 후 방화자들은 전국적으로 수배자 명단에 올랐다. 방화를 주도한 문부식과 사건에 가담한 대학생 김은숙은 원주교구 최기식 신부를 찾아가 도움을 요청했다. 최기식 신부의 이들 학생운동가들에 대한 지원은 1980년대 초 한국 천주교회가 전두환 정권과 공개적으로 갈등을 빚게 된 시초가 되었다. 문부식과 김은숙에게 은신처를 제공했다는 혐의로 최기식 신부가 체포되자 김수환 추기경과 정의구현사제단, 한국천주교주교회의는 어려운 사람들을 돕는 성직자로서의 최기식 신부 입장을 옹호했다.

1980년대 초 국가 탄압으로 사회운동이 상당히 제약을 받던 상황에서 한국 천주교회는 5·18광주항쟁 이후 전두환 정권 초기, 특히 1982년 부산 미국문화원 방화사건 후속 조치 과정에 개입함을 통해 정치적 반발을 표출했다. 1983년 정부는 유화조치를 시행했는데, 이는 전두환 군부가 5·18광주항쟁 이후 민주화운동에 대한 장기간의 탄압을 통해 국내 정치적 안정을 이뤘다고 평가하면서 국민에 대한 국가의 통제 수준을 낮추는 계책이었다. 전두환 정권은 국내 상황 외에도 1986년 서울아시안게임과 1988년 서울올림픽 등 대규모 국제 스포츠 행사 개최를 준비하고 있었기 때문에 당시 한국의 국제적 위상에도 신경을 썼다. 그러나 역설적이게도 유화조치는 반독재운동 단체들에게 활동 재개의 중요한 모멘텀을 제공했는데, 어쩌면 당연하게도, 이전에 탄압받던 민주화운동 주체와 단체들로 하여금 다시 활기를 되찾을 수 있는 여지와 기회를 제공했기 때문이다.

우리는 전두환 정권이 광주민중항쟁을 가혹하게 탄압하고, 사회악 근절이라는 명분으로 삼청교육대와 같은 국가기구를 통해 국민을 강압적으로 통제한 것이 1980~1983년 시기 민주화운동의 표면적 침체를 가져왔음을 알고 있다. 한국 천주교회도 전두환 정권의 강력한 탄압의 영향을 받았지만, 살펴본 바와 같이 1980년대 초반 가톨릭의 민주주의운동이 침묵한 것은 아니었다. 5·18광주항쟁이 일어나기 전 한국천주교주교회의는 신군부의 민주적 정권 교체를 요구하는 시국 성명을 발표했다. 5월 18일 항쟁 직후 한국천주교주교회의 상임위원회는 광주를 위한 특별 기도를 요청하는 서신을 배포했다. 김수환 추기경과 광주대교구의 사제들, 정의구현사제단도 신군부의 잔인한 항쟁 진압의 실상을 알리는 운동을 함께 벌였다.

그러나 한국 천주교회는 1980년대 초에 주목할 만한 교회 행사가 있었기 때문에 새로 수립된 전두환 군사정권의 행태 추이를 지켜봐야 하는 입장이기도 했다. 1981년은 조선교구 설정 150주년이 되는 해였다. 1984년은 한국 순교 성인 103위 시성식과 한국 천주교회 창립 200주년이 되는 해였다. 1984년에는 교황 요한 바오로 2세의 역사적인 첫 한국 방문도 예정되어 있었다. 이러한 주요 가톨릭 행사를 성공적으로 치르기 위해 한국 천주교회, 특히 최고 지도층은 1980년대 초 전두환 신군부에 맞서 정치적 민주화를 위한 목소리를 충분히 낼 수 없었다.

1982년 부산 미국문화원 방화사건이 발생했을 때 한국 천주교회는 이처럼 저항과 협력이라는 대조적인 맥락에 놓여 있었다. 1982년 3월 18일, 문부식과 김은숙 등 부산지역 대학생 6여 명이 미국의 영향력으로부터 한국 정치의 독립을 요구하고 전두환 정권의 독재 통치를 규탄하며 부산 미국문화원에 방화했다. 문화원 방화로 인해 대학생 방문객 한 명이 화재로 사망하고 몇 명이 부상을 입었다. 방화사건 이후 원주교구의 최기식 신부가 방화자들의 은신처를 제공한 혐의로 체포되었고, 이후 일련의 과정을 통해 한국 천주교회는 권위주의 전두환 정권에 저항하는 집합적 정체성을 재구축하게 된다.

부산 미국문화원 방화사건은 한국 천주교회와 전두환 정부 사이에 첨예한 충돌을 일으킨 사건이 되었다. 사건 발생 후 방화 주동자 문부식과 김은숙은 수배자 명단에 올랐고, 원주교구 최기식 신부를 찾아가 도움을 요청했다. 최기식 신부는 함세웅 신부와 함께 이 문제를 논의했다. 함 신부는 대통령 비서실장에게 문부식과 김은숙을 경찰에 신고하는 것에 대해 연락했다. 이후 김수환 추기경은 전두환 대통령과 면담을 가졌고, 전 대통령으로부터 방화자들에 대해 당국이 선처하겠다는 말을 전해 들었다.

그러나 1982년 4월 1일 문부식과 김은숙이 경찰에 자수하자 당국은 체포된 문 씨와 김 씨를 잔인하게 고문했다. 전두환 정권은 최기식 신부를 체포하고, 반정부 선동가들의 체제 전복 활동을 지원했다며 한국 천주교회를 강력히 규탄했다. 언론은 한국 천주교회의 반정부 활동 연루를 비난하는 전두환 정부의 입장을 지지했다.

한국 천주교는 미국문화원 방화사건과 최기식 신부의 체포 문제에 대해 전두환 정부 측이 천주교회가 실정법을 위반했다며 비난하고 나서자 다시 한번 일치된 저항의 목소리를 내기에 이른다. 방화사건 관련, 전두환 정부의 비민주적 통치에 대한 한국 천주교회의 저항 여론은, 정의구현사제단 등 진보적 가톨릭 단체에서부터 한국천주교주교회의 상임위원회 등 교회 상층부에 이르기까지 광범위하게 형성되었다는 점에 주목할 필요가 있다. 이를 계기로 가톨릭교회를 포함한 민주진영에게, 1980년 5·18광주항쟁 이후 한국 민주화운동이 표면적 침체기를 지나는 상황에서 반독재운동을 발전시키고 지속할 수 있는 중요한 모멘텀이 형성되었다.

5·18광주항쟁을 진압하기 위해 미국이 신군부를 지원하여 미군 통제하에 있던 군 병력의 작전을 승인한 사실이 밝혀지면서 한국 사회에서 반미 감정이 격화되었다. 1982년 부산 미국문화원 방화사건은 미국의 한국 문제 개입에 대한 민주진영의 반감이 극명하게 드러난 사건이었다. 부산 미국문화원 방화사건과 그 여파에 따른 가톨릭교회의 개입은 누가, 누구와권위주의 통치, 무엇을민주주의 위해 싸우는지를 다시 한번 명확히 하며, 민주화운동 참여자들의 경합적 정체성을 재구성하는 역할을 하게 되었다.

부산 미국문화원 방화사건은 두 가지 면에서, 즉 민주화 투쟁에서 한국 천주교회의 역할과, 그리고 전두환 정권에 맞선 광범위한 반독재운동 단체들 모두에게 있어 중요한 의미를 지닌 사건이었다. 앞서 살펴본 바와 같이 1980년대 초반은 한국 천주교회 주요 행사를 치른 중요한 시기였다. 미국문화원 방화사건이 일어나기 전인 1981년부터 1982년까지 한국 천주교회는 전두환 정권에 대해 눈에 띄는 저항의 목소리를 내지 않았다. 그러나 방화자를 은닉한 혐의로 최기식 신부가 구속되자 한국 천주교회는 한 목소리로 전두환 정부의 조치를 규탄했다. 정의구현사제단, 지학순, 함세웅 신부 등 정치사회적 목소리를 내온 가톨릭 사제와 단체들 뿐만 아니라 한국천주교주교회의 등 가톨릭 최고 지도층도 전두환 정권에 대한 저항에 동참했다.

한편 방화사건이 천주교회 내부에서 논란이 되자 한국천주교주교회의 상임위원회는 최기식 신부의 체포에 관한 성명을 발표했다. 성명서에 따르면, 주교회의 상임위원회는 전두환 정권이 천주교회를 체제 전복 조직의 온상이라고 비난한 것을 한국 천주교회 전체에 대한 위협으로 인식했다. 또한 어려움에 처한 이들을 외면하지 않는 교회와 양심의 법에 대해서도 언급했다. 한국천주교주교회의는 성명에서 신자들에게 잠재적 희생을 감수하더라도 신앙의 양심에 따른 법을 준수할 것을 촉구했다. 그 근거로 초기 한국 천주교회의 순교 역사와 나치 독일에서 양심의 법에 따라 처벌을 받은 사람들을 언급했다. 한국 가톨릭교회의 최고 의사결정 기구인 한국천주교주교회의가 전두환 정권의 정통성에 의문을 제기하며 정권과 대립각을 세웠다는 점은 주목할 만하다. 한국천주교주교회의는 정권이 국가와 동일하지 않다고 주장하며, 종교에 대한 집권 정부의 우위에 저항했다.

전두환 정권에 대한 한국 천주교회의 이러한 대립각은 제2차 바티칸 공의회 이후 가톨릭 사회교리로의 신학적 전환과, 지역 본당과의 네트워크로 무장한 교회가 효과적인 반독재운동 조직으로 재구축되게 했다. 더욱이 부산 미국문화원 방화사건으로 촉발된 천주교와 전두환 정부 간의 갈등을 언론이 대대적으로 보도하면서 주로 한국 천주교회를 공산주의 이념을 조장한다며 비난, 한국 가톨릭교회는 당시의 중요한 정치 문제에 관여한 것으로 국민적 관심의 대상이 되었다.

5·18광주항쟁 이후 한국에서 반미주의가 부상하기는 했지만, 그 인식과 정서는 민주화운동 참여자나 단체에 국한된 것이었다. 그러나 방화사건이 전국적인 언론의 주목을 받게 되면서 사실상 5·18광주항쟁에 대한 미국의 책임론이 한국 공론의 장에서 비판적으로 제기되기 시작했다. 따라서 1982년 부산 미국문화원 방화사건 이후 한국 민주화운동의 의제는 미국 등 제국주의 열강으로부터의 독립을 문제 삼는 것으로 확대되었다. 1980년대 초 반독재운동이 5·18광주항쟁의 잔혹한 진압 이후 일부 침체되어 있던 상황에서, 부산 미국문화원 방화사건과 관련한 한국 천주교회의 활동은, 전두환의 유화조치1983년 후 노학연대student-worker alliance의 강화 사례처럼, 광주 이후 민주화운동이 활성화되는 중요한 계기가 되었다. 이와같이 1980년대 초 반미주의로 확대된 민주화운동의 상황적 맥락과, 교회의 제도적 이해관계가 영향을 주고받으면서, 한국 천주교도 전두환 정권의 독재에 저항하는 대열에 합류하게 되었다.[5]

---

4   기쁨과희망사목연구원(1998).

5   김녕(1996).

1982년 4월 26일, 한국 천주교 정의평화위원회는 방화자들에게 은신처를 제공한 혐의로 기소된 최기식 신부를 위해 명동성당에서 특별 미사를 봉헌했다. 전국의 사제와 천주교 평신도, 일반인들이 모인 이날 미사에서 윤공희 광주대주교는 최 신부의 구속을 개인의 관점에서 접근할 수 없다는 점을 분명히 했다. 윤 대주교는 강론에서 최 신부의 체포는 한국 천주교회 전체의 문제로 다뤄져야 한다고 밝히고, 전두환 정권이 최 신부를 부산 미국문화원 방화사건의 배후로 지목해 천주교회를 한국 사회에서 소외시키려는 의도에 의문을 제기했다. 이어 윤공희 대주교는 한국 천주교회의 설립 이래 고난의 순교 역사를 강조하면서 현재의 어려움에 대해 가톨릭 신자들의 일치와 연대를 촉구했다.

사회운동연구자 니콜스Nicholls 등이 올바르게 지적했듯이, "기존의 관계적 유대에 담긴 신뢰와 공유된 정체성의 존재는 사회운동의 확산을 추동할 뿐만 아니라 지속 가능한 동원을 위한 견고한 연결 기지a durable relational base"로 작동한다.[6] 방화자들과 최기식 신부에 대한 전두환 정권의 조치를 한국 천주교회와 정부의 대립으로 해석함으로써, 소수의 반독재운동 가톨릭 인사들뿐만 아니라 한국 천주교의 보수적 구성원들도 전두환 정권의 비민주적 통치에 저항하며 1980년대 초 민주화의 중요한 사회운동 조직으로서 집

---

6   Nicholls, Miller and Beaumont(2013).

합적 정체성과 이해관계를 재구성할 수 있었다.

사회학자 폴 장^{Paul Chang}은 한국 민주화운동에서 국가 탄압과 저항운동 참여자간의 변증법적 관계에 대한 연구에서, 사회운동은 고도로 억압적인 상황에서도 진전할 수 있다는 것을 보여주었다.[7] 이처럼 1982년 부산 미국문화원 방화사건으로 체포된 사람들과 최기식 신부에 대한 전두환 정권의 조치를 향한 천주교의 저항의 목소리는 5·18광주항쟁 이후 1980년대 초의 극심한 억압기 이후에도 한국 가톨릭교회가 "지속 가능한 동원을 위한 견고한 연결기지"로서 기능하는 중요한 계기가 되었다.

5. 저항의 지속

앞서 다루었듯이 1980년대는 1984년 교회 창립 200주년과 1989년 서울에서 열린 제44차 세계성체대회 등 한국 천주교 역사상 주요한 기념행사가 열린 시기였다. 전두환 정권은 한국 천주교회의 리더십과 좋은 관계를 맺어 주교단이 정권에 저항하는 편에 서지 않도록 하기 위해 이러한 주요 천주교 행사를 적극 지원했다.

그러나 다른 한편으로 전두환 정권은 1980년대 초에 당시 한

---

7   Chang(2015).

국의 3대 종교인 천주교, 개신교, 불교를 통제하기 위한 억압적 조치도 강화했다. 예를 들어, 정부는 1980년 대한불교 조계종 사태에 개입했는데, 이 과정에서 당국은 약 2,000명의 승려를 체포하고 구타 및 고문을 가하며 전두환 정권의 군사 권위주의의 불법성을 덮고자 했다. 개신교와 관련해서는 1980년대에 149개의 비인가 개신교 신학교가 폐쇄되었고, 저명한 개신교 민주화운동 지도자인 박형규 목사와 그가 속한 서울제일교회의 활동에 대한 장기간의 위협과 폭력이 있었다.

1980년 5·18광주항쟁의 여파를 고려할 때, 전두환 정권이 당시 주요 종교 기관에 대해 보인 양가적인 태도는 권위주의 정부가 정치권력 장악의 정당성을 더 이상 훼손하고 싶지 않았기 때문일수 있다. 특히 전두환 정권이 한국 천주교와 조심스럽게 동맹을 맺은 것은 유신시대인 1970년대부터 시작된 저항적 천주교 신자들의 두드러진 민주화 활동 때문일 수 있다. 1980년대 초, 5·18광주항쟁 이후 전두환 독재 정권이 민주주의운동을 가혹하게 탄압하고 침묵시키는 상황에서, 한국 천주교회는 군사정권이 1982년 부산 미국문화원 방화사건을 처리하고 처벌하는 내용과 방식에 개입함으로써, 민주주의운동을 위한 저항적 정체성과 관심을 지속적으로 형성하고 유지할 수 있었다.

미국문화원 방화사건에 대한 가톨릭의 개입은 방화자를 도운

힘의로 천주교 신부가 연루되어 구속되었다는 사실에서 비롯된 것으로 이해하는 것이 타당하다. 그러나, 1980년대 초 전두환의 권위주의에 대한 천주교회의 저항은, 당시 한국 민주화운동에 대한 탄압 정도를 고려할 때 과소평가되어서는 안 된다. 권위주의 정권의 강압이 분명하다고 해서 반독재운동이 항상 성공적으로 통제되는 것은 아니다. 민주화운동은 권위주의 정부의 강력한 억압 속에서도 발전할 수 있다.

5·18광주항쟁의 충격과 파급효과, 이후 전두환 정권의 탄압으로 민주화운동이 타격을 입은 1980년대 초, 천주교회는 효과적으로 조직된 저항 목소리를 낼 수 있는 드문 사회운동 조직이었다. 기존의 한국 민주화운동 연구는 주로 학생과 노동자 등 제한된 소수 행위자들의 역할에 초점을 맞추면서, 1970년대와 1980년대 민주주의운동의 진화를 추동한 종교계와 같은 다양한 운동 주체들의 역할에 주목하지 못하는 경우가 많았으나, 이들의 역할을 살피는 것은, 20세기 후반 한국 민주화 프로젝트의 핵심 기제들mechanisms을 파악하는 데 중요하다.

1980년대 초 한국 천주교회가 사회운동 차원에서 수행한 역할의 중요성은 전두환 정권에 대한 반독재운동이 침체되어 있던 시기에 추가적인 항쟁의 기회를 창출하고 유지함으로써 민주화운동의 규모를 조정하는 "견고한 연결 기지"가 되었다는 점이다.

6. 결론

이 장은 5·18광주항쟁의 전개 과정에서 한국 천주교회의 역할을 살펴보고, 항쟁 전과 항쟁 중, 그리고 항쟁 이후 일련의 사회운동의 전개에 가톨릭 사제들과 단체들이 효과적으로 개입 및 참여할 수 있었던 데에는, 가톨릭교회의 조직적 자원이 중요한 역할을 했다는 점에 주목했다. 천주교회가 5·18광주항쟁과 관련해 반독재운동에 지속적으로 참여할 수 있었던 요인 중 하나는 광주지역에서 이미 활동하고 있던 기존 가톨릭계 단체들의 역할이었다. 저자는 또한 1982년 부산 미국문화원 방화사건 이후 일련의 과정이 한국 천주교회의 1980년대 초 민주화운동의 정체성을 재구축하는 계기가 되었다는 지점에서 그것을 검토했다. 부산 미국문화원 방화사건 이후의 한국 천주교와 전두환 정권의 충돌은, 1980년 5·18광주항쟁 이후 민주화운동이 타격을 입은 시기, 특히 1980년부터 1983년 전두환의 유화조치 시행 전까지 종교계를 포함한 다른 민주화운동 부문들이 전두환 정권의 독재 통치에 대한 저항적 태세를 재정립하고 지속할 수 있게 했다.

참고문헌

한국어 문헌

강만길, 「3·1민주구국선언의 역사적 성격」, 3·1민주구국선언관련자 편, 『새롭게 타오르는 3·1민주구국선언』, 사계절, 1998.

강인철, 『전쟁과 종교』, 한신대출판부, 2003.

_____, 『한국 천주교의 역사사회학―1930~1940년대의 한국 천주교회』, 한신대 출판부, 2006.

_____, 『저항과 투항―군사정권들과 종교』, 한신대 출판부, 2013.

기쁨과희망사목연구원, 『암흑 속의 횃불』 제5권, 기쁨과희망사목연구원, 1998.

김녕, 『한국정치와 교회-국가 갈등』, 소나무, 1996.

김동춘 외, 「한국 학생운동의 역할과 새로운 모색」, 『역사비평』 41, 역사비평사, 1997.

김정남, 『진실, 광장에 서다―민주화운동 30년의 역정』, 창비, 2005.

노길명, 『민족사와 천주교회』, 한국교회사연구소, 2005.

서중석, 『6월항쟁―1987년 민중운동의 장엄한 파노라마』, 돌베개, 2011.

이원규, 「해방 후 한국인의 종교의식구조 변천연구」, 『현대 한국종교변동 연구』, 한국정신문화연구원, 1993.

윤선자, 「5·18광주민주화운동과 종교계의 역할―천주교회를 중심으로」, 『민주주의와 인권』 2, 전남대 5·18연구소, 2002.

여진천, 「천주교회의 대한민국 정부 수립에 대한 인식과 기여」, 『교회사연구』 32, 한국교회사연구소, 2009.

장숙경, 『산업선교, 그리고 1970년대 노동운동』, 선인, 2013.

조광, 『한국 천주교 200년』, 한빛출판사, 1989.

_____, 『한국 근현대 천주교사 연구』, 경인문화사, 2010.

천주교정의구현전국사제단, 『한국 천주교회의 위상―1970년대 정의구현 활동에 대한 종합과 평가』, 분도출판사, 1985.

최 마이클 S.(Chwe, Michael Suk-Young), 허석재 역, 『사람들은 어떻게 광장에 모이는 것일까?-게임이론으로 본 조정 문제와 공유 지식』, 후마니타스, 2014.

함세웅, 「천주교정의구현전국사제단의 역사와 증언」, 『종교·신학 연구』 제1집, 1988.

외국어 문헌

Arias, Santa · Barney Warf(eds.), *The Spatial Turn : Interdisciplinary Perspectives*, London : Routledge, 2009.

Baker, Donald L, "From Pottery to Politics : The Transformation of Korean Catholicism", Lewis Lancaster · Richard Payne(eds.), *Religion and Society in Contemporary Korea*, Berkeley : Institute for East Asian Studies, University of California, 1998.

Chang, Yun-Shik, "The Progressive Christian Church and Democracy in South Korea", *Journal of Church and State* 40, 1998.

Chang, Paul Y, *Protest Dialectics : State Repression and South Korea's Democracy Movement,* 1970-1979, Stanford : Stanford University Press, 2015.

Cheng, Tun-jen · Deborah A. Brown, "Introduction : The Roles of Religious Organisations in Asian Democratisation", Tun-jen Cheng · Deborah A. Brown(eds.), *Religious Organisations and Democratisation : Case Studies from Contemporary Asia*, Armonk, NY : M.E, Sharpe, 2006.

Chérel-Riquier, Evelyne, "The South Korean Catholic Church's Attitude towards North Korea : From Antagonism to Development of Dialogue and Cooperation", *Journal of Korean Religions* 4, 2013.

Chidester, David · Edward T. Linenthal, *American Sacred Space*, Bloomington : Indiana University Press, 1995.

Chung, Chul-hee, "Structure, Culture, and Mobilisation : The Origins of June Uprising in South Korea", PhD diss., State University of New York at Buffalo, 1994.

Hanson, Eric O, *Religion and Politics in the International System Today*, New York : Cambridge University Press, 2006.

Kilde, Jeanne Halgren, *Sacred Power, Sacred Space : An Introduction to Christian Architecture and Worship*, New York : Oxford University Press, 2008.

Kim, Sung Gun, "Korean Christianity and the Shinto Shrine Issue in the War Period, 1931 ~1945 : A Sociological Study of Religion and Politics", Ph.D. diss., University of Hull, 1989.

Kuo, Cheng-tian, *Religion and Democracy in Taiwan*, Albany, NY : State University of New York Press, 2009.

Lee, Timothy S, "A Political Factor in the Rise of Protestantism in Korea : Protestantism and the 1919 March First Movement", *Church History* 69, 2000.

Maduro, Otto, *Religion and Social Conflicts*, Maryknoll, NY : Orbis Books, 1982.

Nicholls, Walter·Byron Miller·Justin Beaumont, "Introduction : Conceptualising the Spatialities of Social Movements", Miller et al.(eds.), *Spaces of Contention: Spatialities and Social Movements*, Farnham : Ashgate, 2013.

Oh, Gyeong-hwan, "Korean Catholicism since 1945", *The Founding of Catholic Tradition in Korea*, Chai-Shin Yu(eds.), Fremont, California : Asian Humanities Press, 2004.

Shin, Dong-youb, "The Effect of Organisational Coupling on the Legitimacy of Religious Organisations in Social Movements : An Organisational Analysis of Korean Religion in the Democratisation Movement, 1972~1987", PONPO Working Paper, No.203; ISPS Working Paper, No.2203, Program on Non-Profit Organisations, Institution for Social and Policy Studies, Yale University, 1994.

Shin, Gi-Wook·Paul Y, Chang·Jung Eun Lee·Sookyung Kim, "The Korean Democracy Movement : An Empirical Overview", Gi-Wook Shin·Paul Y. Chang(eds.), *South Korean Social Movements : From Democracy to Civil Society*, London : Routledge, 2011.

Smith, Jonathan Z, *To Take Place : Towards Theory in Ritual*, Chicago : University of Chicago Press, 1987.